Grundschule

Rudi Lütgeharm

ZIRKELTRAINING in der Grundschule

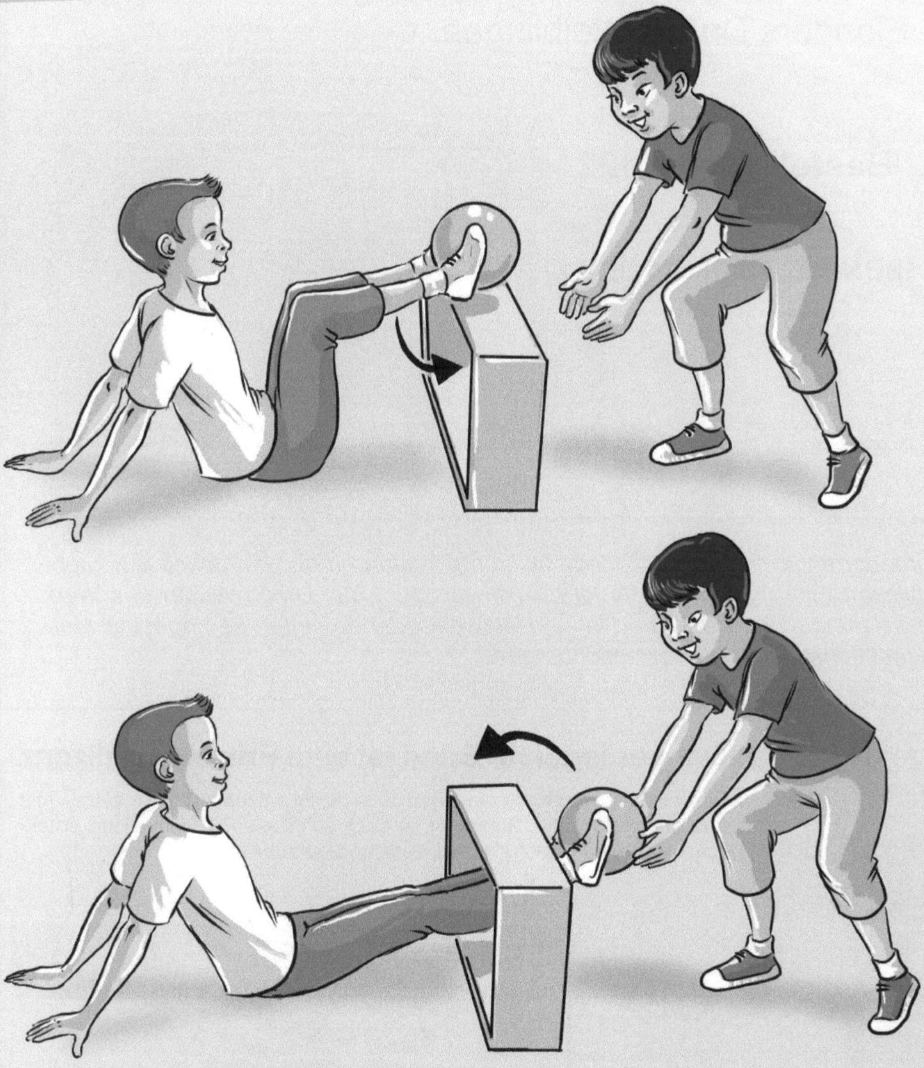

- Hauptmuskelgruppen kräftigen
- Koordination verbessern
- Übungen mit und ohne Gerät
- Einzel- und Partnerübungen

- Übungsrundgänge für die gesamte Klasse
- Übungsbeschreibung und Hinweise
- Organisation und Wertung

Zirkeltraining
in der Grundschule

3. Auflage 2025

Inhalt: Rudi Lütgeharm
Umschlagbild & Illustrationen: © Scott Krausen
Redaktion: Kohl-Verlag
Grafik & Satz: Eva-Maria Noack / Kohl-Verlag
Druck: Elanders Druck, Waiblingen

Bestell-Nr. 13 022

ISBN: 978-3-98841-051-1

Bildquellen © AdobeStock.com:

S. 4: Robert Kneschke; **S. 12**: Jehsomwang; **S. 13**: Jehsomwang (6x); **S. 15**: PRCreativeTeam, Savvapanf Photo ©, Lichtfexx, Thilo Grosse (bearb.), Thomas Mucha, tunedin, shootingankauf; **S. 18**: Regormark (2x); **S. 21**: yotto, eestingnef, Robert Kneschke; **S. 23**: Zaharia Levy; **S. 25**: Zaharia Levy; **S. 26**: martialred; **S. 27**: martialred; **S. 28**: Zaharia Levy; **S. 30**: Zaharia Levy; **S. 33**: Zaharia Levy; **S. 36**: Zaharia Levy; **S. 40**: Zaharia Levy

Kontakt: Kohl-Verlag, An der Brennerei 37-45, 50170 Kerpen
Tel: +49 2275 331610, Mail: info@kohlverlag.de

Inhalt

Inhalt

Hinweis: Mit Schülern bzw. Lehrern sind im ganzen Heft selbstverständlich auch die Schülerinnen und Lehrerinnen gemeint!

A Vorwort und Einführung

– Impulse – Zirkeltraining – Körpererfahrungen –

Impulse für den Sportunterricht – Zirkeltraining
Ziel dieses Buches ist es, neue Impulse für den ganz normalen Sportunterricht zu setzen und auf eine andere Organisationsform – das Zirkeltraining – aufmerksam zu machen. Als Zirkeltraining (*Circuit-Training*) wird im Sportunterricht eine Organisationsform bezeichnet, bei der die Kinder vorher ausgewählte/festgelegte Übungen in einer vorgegebenen Zeit nacheinander ausführen. Das Zirkeltraining ist ein vielseitiges Ganzkörpertraining, bei dem im Wechsel alle großen Muskelgruppen (Arme, Schultergürtel, Rücken, Rumpf, Brust, Bauch und Beine) beansprucht werden.

Kinder in der Grundschule
Mit Beginn des Schulbesuches ist es besonders wichtig, dem ausgeprägten Bewegungsbedürfnis der Kinder soweit wie möglich Rechnung zu tragen.

Vorherrschender Grundzug des motorischen Verhaltens der Kinder dieser Altersstufe ist die ausgeprägte Lebendigkeit oder Mobilität. Sie ist gepaart mit einer freudigen Bereitschaft zur Lösung sportlicher Bewegungsaufgaben[1].

Mit den sog. Grundtätigkeiten Laufen, Hüpfen, Springen, Werfen, Fangen, Stützen, Schwingen, Balancieren, Steigen, Klettern, Rollen, Wälzen usw. erobert das Kind seine Umwelt und sammelt dabei vielfältige Bewegungserfahrungen in der Motorik und in den Wahrnehmungsbereichen.

Anspannung und Entspannung
Mit der Anwendung der o. g. Grundtätigkeiten in Form des Zirkeltrainings können die klassischen motorischen Fähigkeiten wie Kraft, Schnelligkeit, Ausdauer, Beweglichkeit und Koordination geschult und verbessert werden. Außerdem „erleben“/erfahren die Kinder in der praktischen Umsetzung des Zirkeltrainings eigene Grenzen in der Belastbarkeit und die Balance zwischen Anspannung und Entspannung.

Körpererfahrungen
Besonders wichtig ist es, den Sportunterricht mit einem vielseitigen Bewegungsangebot abwechslungsreich und freudebetont zu gestalten, damit die unterschiedlichsten Körpererfahrungen entstehen können. Das Zirkeltraining bietet durch die vielfältigen Übungen an den einzelnen Stationen neue Herausforderungen an Kondition und Koordination.

Übungsauswahl
Mit etwas Fantasie und Kreativität stellt der Sportlehrer eine entsprechende Übungsauswahl unter Einsatz von Handgeräten und Großgeräten zusammen und bereitet sie unter Berücksichtigung der Voraussetzungen seiner Kinder methodisch/organisatorisch entsprechend auf, sodass ein abwechslungsreiches und interessantes Übungsangebot in Form des Zirkeltrainings mit festen Übungszeiten und Pausen entsteht.

Körperliche Voraussetzungen
Das Zirkeltraining bietet gute Möglichkeiten, sich über die körperlichen Voraussetzungen eines jedes einzelnen Kindes zu informieren – „ein Bild zu machen“: Wo hat das Kind Stärken, wo sind noch Schwächen festzustellen? Durch die Vielseitigkeit des Zirkeltrainings kann man die körperliche Leistungsfähigkeit der Kinder insgesamt verbessern.

---

[1] Meinel, K./Schnabel, G.: Bewegungslehrer – Sportmotorik, S. 286

A Vorwort und Einführung

Sofort umsetzbare Hilfen
Dem Sportlehrer vor Ort werden praktische und schnell umsetzbare Hilfen an die Hand gegeben, den Sportunterricht mal „anders" (= interessanter, abwechslungsreicher und zeitgemäßer) zu gestalten. Hierbei bietet das Zirkeltraining neue und interessante Möglichkeiten.

Dieses Buch zeigt mit viel Praxis anschaulich auf, wie schon Kinder in der Grundschule mit interessanten Übungen an den einzelnen Stationen Schritt für Schritt an das Zirkeltraining herangeführt werden können.

- → Die in diesem Buch ausgewählten Übungen ermöglichen den Kindern Körper- und Bewegungserfahrungen, die sie so in der Regel bisher nicht kennengelernt haben.
- → Mit jeder Durchführung des Zirkeltrainings werden die Kinder sicherer im Umgang und ihre Eigentätigkeit nimmt zu.
- → Außerdem stellen die Kinder meistens fest, dass sich ihre Leistungen im konditionellen und koordinativen Bereich an den Stationen stetig aufwärts entwickeln, was sich wiederum förderlich auf das weitere Üben auswirkt.

Die hier vorgestellten Übungsrundgänge sind als Anregungen zu verstehen und sollten unter Berücksichtigung der jeweiligen Klasse so übernommen oder modifiziert werden. Generell müssen die Übungen und die Zusammenstellung zu einem Zirkeltraining immer auf die jeweilige Klasse/Gruppe abgestimmt werden. Das betrifft die ausgewählten Übungen selbst, aber auch die Belastungszeiten, der Belastungsumfang und die Wechselzeiten (Pausen).

Dieses Buch bietet Vorschläge für einen abwechslungsreichen Sportunterricht in Form des Zirkeltrainings mit interessanten und sofort umsetzbaren Beispielen. Viel Spaß bei der Planung und Durchführung vom *Zirkeltraining in der Grundschule*

wünschen der Kohl-Verlag und *Rudi Lütgeharm*

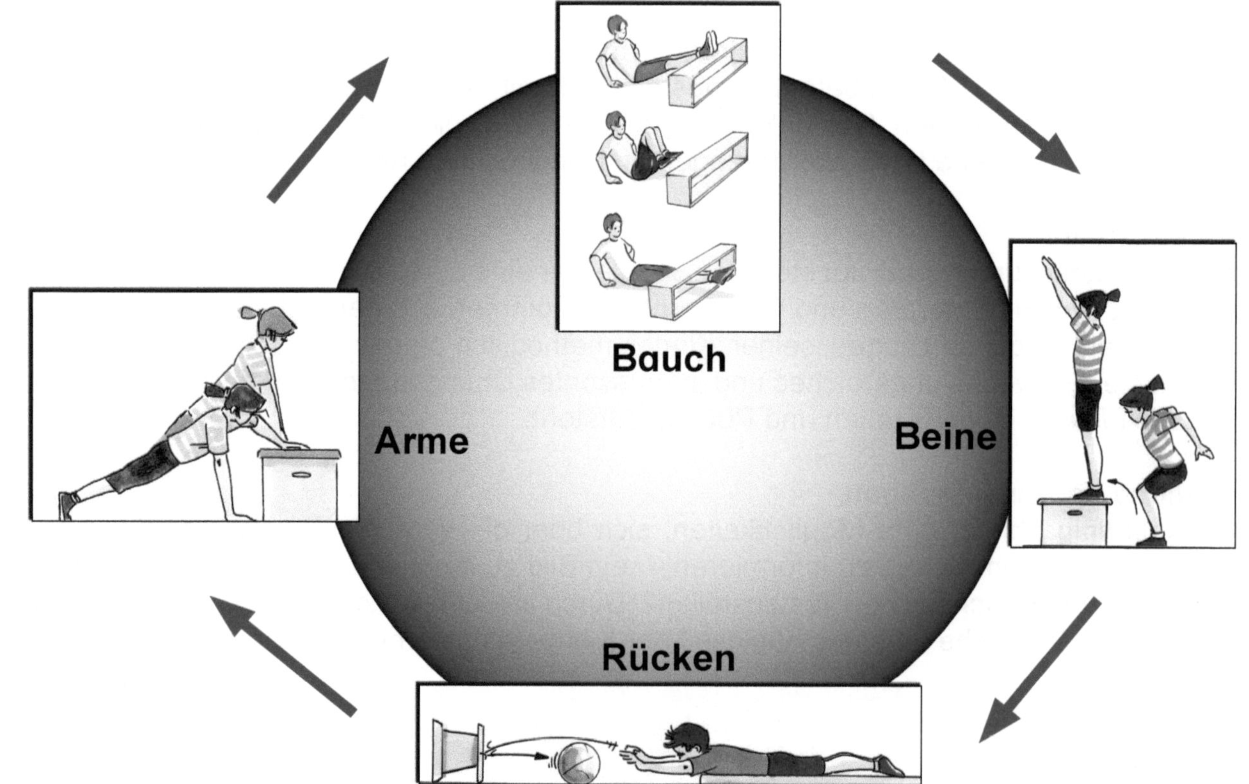

B Was ist ein Zirkeltraining?

– Historie – Merkmale – Einsatz in der Schule –

Historie und Entwicklung

Das *Circuit-Training* wurde in den Jahren 1952 und 1953 von den beiden Engländern Ronald Ernest Morgan und Graham Thomas Adamson an der Universität von Leeds nach dem Vorbild des amerikanischen *Bodybuilding-Systems* entwickelt. Ursprünglich bestand es aus 24 festgelegten Übungen an 9 Stationen. Einige dieser Übungen sind heute nicht mehr zeitgemäß und/oder schwer umsetzbar, z. B. das Seilklettern. Andere Übungen wie Kniebeuge und Liegestütz sind auch heute oft noch Bestandteil des Zirkeltrainings. Auffällig ist, dass bei den ursprünglichen 24 Übungen nur eine Bauchmuskelübung enthalten war.

Name und Begriff

Der Name *Circuit-Training* kommt aus dem Lateinischen und lässt sich von *„circuitus"* (= Umlauf, Umkreis, Rundgang, Periode) ableiten. Neben der Bezeichnung Circuit-Training findet man in der Literatur auch den Begriff Zirkeltraining. Die Bezeichnung „Kreistraining" ist hingegen in neueren Veröffentlichungen nur noch selten anzutreffen.

Zirkeltraining in Deutschland

In den 1960er Jahren hielt das Circuit-Training auch Einzug in Deutschland. Heute wird diese Form des Sporttreibens im Sportunterricht der Schulen, in den Sportvereinen und in den Fitness-Studios angewandt. Zuvor war es 1958 an der Sporthochschule Köln im Rahmen einer Vorführung vorgestellt worden. Wichtig hierbei ist, dass der Name Circuit-Training auch der eigentlichen Praxis entspricht, d. h. das Üben findet an Stationen statt, die im Oval oder im Kreis in der Sporthalle angeordnet sind.

Was ist ein Zirkeltraining?

Ein Zirkeltraining (*Circuit-Training*) besteht aus mehreren Stationen, die kreis- oder ovalförmig in der Sporthalle angeordnet sind. Die Übungen werden im Allgemeinen so angelegt, dass bei aufeinanderfolgenden Übungen verschiedene Muskelgruppen belastet werden, sodass sich die jeweils unbelasteten Muskeln während der Übungen für andere Körperpartien leicht erholen können. Der Wechsel der Stationen mit einer Belastung unterschiedlicher Muskelgruppen ermöglicht ein gleichzeitiges Trainieren von Kraft, Beweglichkeit, Ausdauer sowie der Koordination. Durch die kurzen Pausen zwischen den Übungen wird außerdem auch das Herz-Kreislauf-System angesprochen und gestärkt.

Das Zirkeltraining ist ein abwechslungsreiches Ganzkörpertraining, bei dem in einer vorgegebenen Zeit verschiedene Übungen nacheinander absolviert werden.

Anzahl der Stationen

Um alle Hauptmuskelgruppen beim Zirkeltraining zu fordern, sollte der Zirkel etwa 6-8 Übungen umfassen, kann aber unter Berücksichtigung der Leistungsfähigkeit der Übenden nach Belieben erweitert werden.

Wechsel zwischen Belastungs- und Entspannungsphasen

Typisch für ein Zirkeltraining ist der geplante Wechsel zwischen Belastungs- und Entspannungsphasen. Dieser Wechsel zwischen den Stationen sorgt für den nötigen Ausgleich, sodass der Körper sich zwischenzeitlich erholen und das übende Kind vor jeder neuen Übung Kraft schöpfen kann.

Zirkeltraining in der Grundschule

Das Zirkeltraining eignet sich für sowohl für Anfänger im 1./2. Schuljahr als auch für geübte und fortgeschrittene Gruppen/Klassen im 3./4. Schuljahr.

ZIRKELTRaINING in der Grundschule – Bestell-Nr. 13 022

B Was ist ein Zirkeltraining?

Für ein Zirkeltraining in der Grundschule werden dynamische Übungen (mit Bewegung) ausgewählt und eingesetzt. Bei einem Zirkeltraining können immer eine große Anzahl von Kindern gleichzeitig auf einem relativ kleinen und begrenzten Raum effektiv üben und trainieren. Der Einsatz von Hand- und Großgeräten erfolgt unter Berücksichtigung der jeweiligen Gruppe/Klasse, d. h.: Kennen die Kinder den Umgang und evtl. Übungsmöglichkeiten mit diesen Handgeräten oder an diesem Großgerät? Hochinteressant ist es auch, mit Kindern ein Zirkeltraining im Freien an vorhandenen Parkbänken, Treppen, Baumstämmen, Gräben oder Mauern durchzuführen.

Zirkeltraining macht Spaß
Ein Zirkeltraining ist aufgrund der vielen Möglichkeiten abwechslungsreich und macht viel Spaß und kommt bei den meisten Kindern „gut an“. Vor allem dann, wenn man mit dem Partner gemeinsam übt und sich dabei gegenseitig motiviert.

Beispiel – 4 Stationen mit abwechslungsreichen Übungen

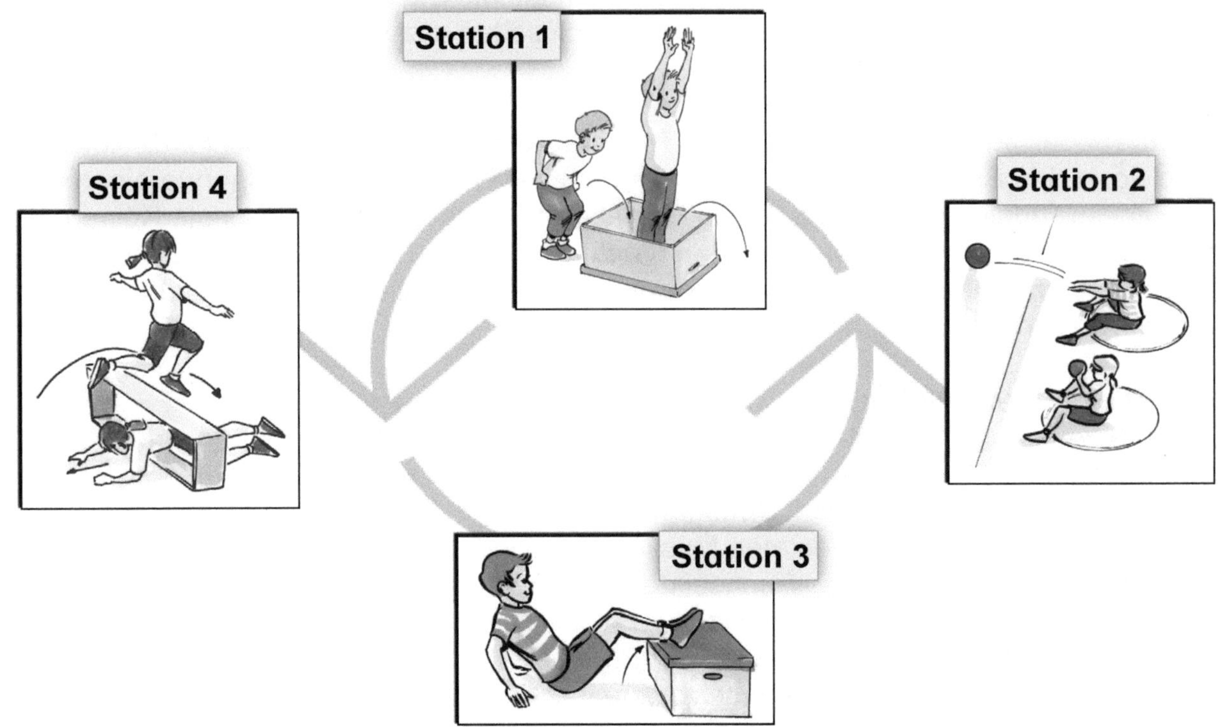

Station 1:
<u>Aufgabe</u>: Springe mit einem Schlusssprung in den umgedrehten kleinen Kasten hinein und wieder heraus. Ein kräftiger Armeinsatz unterstützt die Sprünge.
<u>Wertung</u>: jeder Sprung hinein = 1 Punkt

Station 2:
<u>Aufgabe</u>: Grätschsitz im Reifen – Abstand ca. 2-3 m zur Wand: Wirf den Ball so gegen die Wand, dass er zu dir zurückkommt und du ihn fangen kannst.
<u>Wertung</u>: jeder gefangene Ball = 1 Punkt

Station 3:
<u>Aufgabe</u>: Setz dich mit leicht gebeugten Knien zum kleinen Kasten, deine Hände stützen dabei seitlich ab: Hebe deine Beine an und setze deine Füße kurz auf der Kastenkante ab. Führe anschließend die Füße wieder zum Boden in die Ausgangsstellung zurück.
<u>Wertung</u>: beide Füße auf der Kastenkante = 1 Punkt

Station 4:
<u>Aufgabe</u>: Springe erst über das Kastenteil und krieche anschließend hindurch zurück. Richte dich danach wieder auf und springe erneut darüber usw.
<u>Wertung</u>: jedes Durchkriechen = 1 Punkt

Didaktisch-methodische Hinweise

– Lehrpläne/Kerncurricula – mittleres Kindesalter – motivierende Übungen –

Bei der Planung und Durchführung des Sportunterrichts in der Grundschule müssen die vom Kultusministerium der einzelnen Länder herausgegebenen Kerncurricula beachtet werden, das gilt natürlich auch für die Planung und Durchführung eines Zirkeltrainings. Obwohl die Lehrpläne der einzelnen Bundesländer etwas variieren, sind die Schwerpunkte wie die Entwicklung der motorischen Fähigkeiten (Kraft, Ausdauer, Schnelligkeit, Beweglichkeit, Koordination) überall Bestandteile in den Klassen 1 bis 4.

Die folgenden Auszüge aus Niedersachsen und Sachsen machen das deutlich.

Niedersächs. Kultusministerium: Kerncurriculum für die Grundschule – Schuljahrgänge 1-4 – Sport, S. 7:

- Veränderungen der Lebensbedingungen, unter denen Kinder heute aufwachsen, können zu einer Verschlechterung der motorischen Leistungsfähigkeit, zumindest in Teilbereichen, führen. Aus diesem Grund ist die Entwicklung motorischer Fähigkeiten und Fertigkeiten wesentlich und als Lernprozess anzulegen, der möglichst alle Bereiche der Sport- und Bewegungsaktivitäten umfasst.[1]

Freistaat Sachsen – Staatsministerium für Kultus – Lehrplan Grundschule – Sport, S. 2 + 5:

Allgemeine fachliche Ziele

- Im Zentrum des Sportunterrichts der Grundschule steht die individuell bestmögliche Entwicklung von motorischer Handlungsfähigkeit. Dies umfasst die Aneignung elementarer sportmotorischer Fertigkeiten, die Schulung motorischer Fähigkeiten, die Entwicklung von Werten sowie einen entsprechenden Wissenserwerb.

Ziele der Klassenstufen 1/2

- Die Schüler sammeln Erfahrungen mit und an unterschiedlichen Geräten und Materialien. Sie erkunden Unbekanntes, noch nicht Versuchtes.
- Die Schüler prägen konditionelle Fähigkeiten, besonders die Grundlagenausdauer, Kraftausdauer und Schnellkraft sowie koordinative Fähigkeiten aus.

Ziele der Klassenstufen 3/4

- Die Schüler erweitern ihre Erfahrungen mit unterschiedlichen Geräten und Materialien. Sie üben und wenden elementare motorische Fertigkeiten an.
- Die Schüler prägen koordinative Fähigkeiten durch die Variation der Übungsbedingungen, der Bewegungsausführung sowie von Bewegungsprogrammen aus.
- Sie steigern konditionelle Fähigkeiten, besonders die Grundlagenausdauer, Kraftausdauer und Schnellkraft.

Die oben genannten Zielstellungen können mit einem entsprechend gestalteten Zirkeltraining gut verwirklicht werden, wobei natürlich immer die motorische Entwicklung der angesprochenen Kinder berücksichtigt werden muss.

Mittleres Kindesalter und Zirkeltraining

Das mittlere Kindesalter umfasst das 7.-10. Lebensjahr und ist als Phase der schnellen Zunahme der motorischen Lernfähigkeit zu bezeichnen. Zurückzuführen ist dieser Entwicklungstrend einerseits auf die überwiegend günstigen körperbaulichen Voraussetzungen und andererseits auf die Ausprägung und Qualifizierung von psychischen Prozessen sowie verschiedenen koordinativen und konditionellen Fähigkeiten.[2]

[1] Niedersächsisches Kultusministerium: Kerncurriculum für die Grundschule – Schuljahrgänge 1-4 – Sport, S.7

[2] Meinel, K./Schnabel G.: Bewegungslehre – Sportmotorik, S. 286

C Didaktisch-methodische Hinweise

Vorherrschender Grundzug des motorischen Verhaltens der Kinder dieser Altersstufe ist die ausgeprägte Lebendigkeit und Mobilität.[3]

Die Kinder sind mit großem Einsatz und Freude dabei, sportliche Bewegungsaufgaben anzugehen und zu lösen. Folgende Punkte müssen bei der Auswahl der Übungen für ein Zirkeltraining unbedingt berücksichtigt werden, damit sich daraus reizvolle und motivierende Bewegungsaufgaben/Übungen ergeben.

Beispiele:

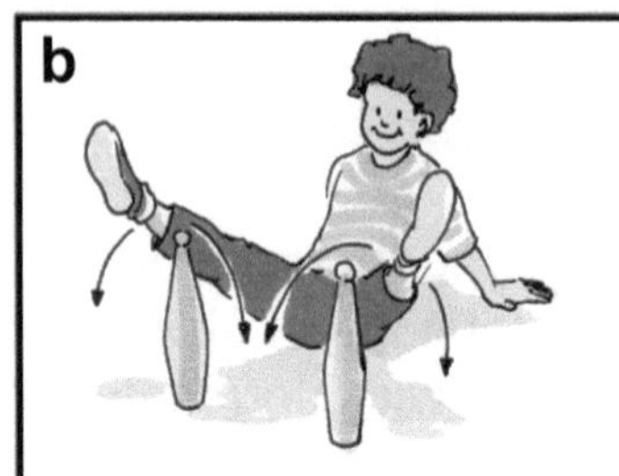

a) mit dem Partner: den Ball kräftig und schräg gegen die Wand werfen, sodass der Partner den zurückspringenden Ball fangen kann.
Wertung: jeder gefangene Ball = 1 Punkt

b) Strecksitz – die Füße befinden sich zwischen den Keulen: beide Füße anheben und rechts und links außen neben den Keulen absetzen. Danach die Füße wieder anheben und zwischen den Keulen ablegen.
Wertung: jedes Ablegen rechts und links neben den Keulen = 1 Punkt

c) Hockwenden über die Turnbank.
Wertung: jede Hockwende über die Turnbank = 1 Punkt

Die Kinder sind zunehmend in der Lage, sich auf eine bestimmte Tätigkeit zu konzentrieren.

Beispiele:

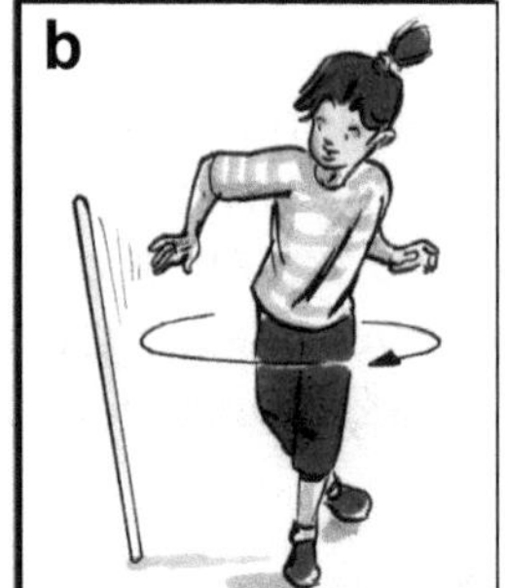

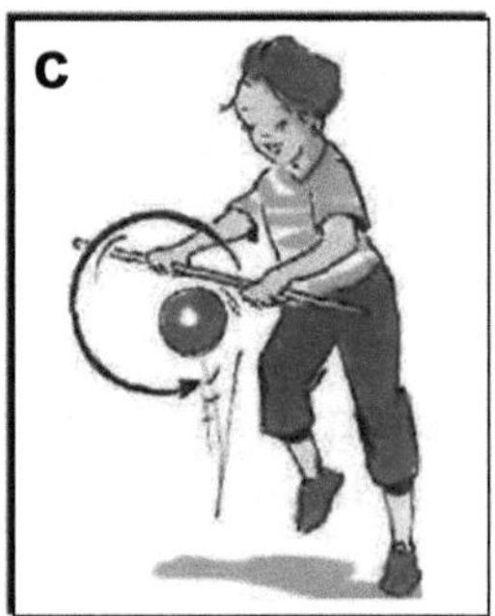

a) im Liegestütz vorlings den Gymnastikball mit einer Hand hochwerfen und mit der anderen Hand versuchen zu fangen.
Wertung: jeder gefangene Ball = 1 Punkt

b) den Stab senkrecht vor sich hinstellen und mit einer Hand halten: loslassen, schnell eine ganze Drehung um sich selbst ausführen und den Stab wieder fassen.
Wertung: jeder gefasste Stab nach der Drehung = 1 Punkt

c) den Ball mit dem Stab mittig prellen und schnell einmal über den springenden Ball einen Kreis ausführen, dann wieder prellen und erneut eine Umkreisung versuchen.
Wertung: jeder Kreis um den springenden Ball = 1 Punkt

[3] Meinel, K./Schnabel G.: Bewegungslehre – Sportmotorik, S. 286

Ziele und wichtige Punkte zur Durchführung eines Zirkeltrainings

– Kardiovaskuläre Fitness – motorische Fähigkeiten – funktionales Üben –

Kardiovaskuläre Fitness
Ein wichtiges Ziel im Sportunterricht der Grundschule ist das Verbessern der kardiovaskulären Fitness der Kinder.

Unter kardiovaskulärer Ausdauer versteht man die Fähigkeit, Übungen, die den ganzen Körper beanspruchen, über einen längeren Zeitraum mit mittlerer bis hoher Intensität durchzuführen.

- Die kardiovaskuläre Fitness bezieht sich auf die Fähigkeit des Herzens, die Muskeln mit Sauerstoff zu versorgen, sowie auf die Fähigkeit der Muskulatur, den Sauerstoff für längere Zeiträume körperlicher Aktivität zu nutzen.
- Wer über eine „kardiovaskuläre Gesundheit“ verfügt, kann auch seine täglichen Aufgaben, wie Treppensteigen, besser bewältigen und hat mehr Energie für andere körperliche Aktivitäten.

Studien haben gezeigt, dass Bewegungsmangel bei Kindern zu motorischen Defiziten und einem erhöhten kardiovaskulären Risiko führen kann.

Regelmäßige körperliche Aktivitäten mit und durch Bewegung (Spiel, Sport, Spaß) sind entscheidend für die Verbesserung der kardiovaskulären Fitness bei Kindern. Diese kann durch regelmäßiges Zirkeltraining verbessert werden. Zirkeltraining ist eine besonders effektive Methode, um die kardiovaskuläre Fitness bei Kindern zu verbessern. Ein Zirkeltraining besteht aus einer Reihe von Übungen, die nacheinander mit kurzen Wechselpausen ausgeführt werden.

Beispiele: Liegestütze – Kniebeugen – Seilspringen – Ballstöße gegen die Bank – Aufrichten aus der Rückenlage usw.

Wichtig hierbei ist, dass das Zirkeltraining insgesamt altersgerecht gestaltet wird, d. h. Übungen ausgewählt werden, die die Motivation der Kinder aufrecht erhält oder hervorruft.

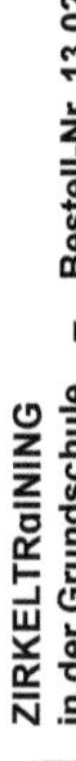
ZIRKELTRaINING in der Grundschule – Bestell-Nr. 13 022
KOHL VERLAG

D Ziele und wichtige Punkte zur Durchführung eines Zirkeltrainings

Entwicklung der Kinder

Zirkeltraining kann mit einem reichhaltigen Angebot und einer entsprechenden Gestaltung einen wichtigen Beitrag zu einer umfassenden und altersgerechten Entwicklung der Kinder leisten. Sie lernen in einem Zirkeltraining durch Übungen und Training ihre Fähigkeiten einzuschätzen und weiter zu entwickeln.

Motorische Fähigkeiten entwickeln

Grundsätzliche Ziele eines Zirkeltrainings in der Grundschule sind die Schulung und Entwicklung der motorischen Fähigkeiten sowie Erfahrungen im Umgang mit dem eigenen Körper bei unterschiedlichen Aufgaben/Übungen.

Koordinative Aspekte berücksichtigen

Bei der Auswahl der Übungen für ein Zirkeltraining in der Grundschule sollten auch immer koordinative Aspekte (hier: um den Ball kreisen) berücksichtigt werden.

Gesundheitsorientiert ausrichten

Ein Zirkeltraining für Kinder muss immer auch gesundheitsorientiert ausgerichtet sein, d. h. die ausgewählten Übungen müssen unter funktionalen Gesichtspunkten ausgewählt werden.

Für die Durchführung eines Zirkeltrainings gibt es eine große Anzahl von Übungen und Übungs-Variationen. Bei den ausgewählten Übungen sollte man immer auf die korrekte Ausführung achten, um Verletzungen und Schmerzen vorzubeugen.

So nicht! – ***dysfunktional***

Gut, so soll es sein! – ***funktional***

Aufsicht und Sicherheit

Das Üben auf engem Raum und meistens in selbsttätiger Form erfordert auch eine gute Aufsicht seitens des Sportlehrers und eine Rücksichtnahme unter den Kindern selbst. Sicherheitsaspekte bei der Auswahl der Übungen und bei der Anordnung der Geräte/Stationen stehen immer an vorderster Stelle.

Alle Körperbereiche beanspruchen

Bei einem Zirkeltraining in der Grundschule muss darauf geachtet werden, dass die Übungen insgesamt ausgewogen sind und alle Körperbereiche gleich stark beansprucht und trainiert werden.

D Ziele und wichtige Punkte zur Durchführung eines Zirkeltrainings

Kraftausdauer schulen – Hauptmuskelgruppen im Wechsel beanspruchen

Beim Zirkeltraining wird an jeder Station eine Übung so oft wie möglich ausgeführt. Das Zirkeltraining eignet sich besonders gut zur Schulung der Kraftausdauer. Die Übungen sind so ausgewählt, dass immer wieder unterschiedliche Muskelgruppen beansprucht werden. Dadurch wird gewährleistet, dass bei einem kompletten Durchgang in kürzester Zeit alle Hauptmuskelgruppen angesprochen und belastet werden.

Beispiele: Hauptmuskelgruppen

Oberschenkelstrecker

Brustmuskeln

Bauchmuskeln

Rumpfmuskeln

Oberarmstrecker

Rücken- u. Gesäßmuskeln

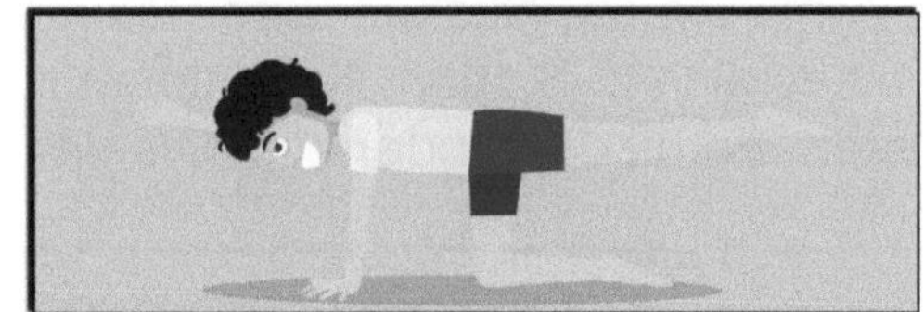

Kinder motivieren und Spaß vermitteln – kindgerechte Übungen auswählen

Durch die geringen Pausen und den relativ schnellen Wechsel zwischen den Geräten/Stationen sind die Kinder meistens hoch motiviert. Das Zirkeltraining wird deshalb gern im Sportunterricht der Grundschule eingesetzt, weil mit kindgerechten Übungen die konditionellen und koordinativen Fähigkeiten geschult und verbessert werden können. Wichtig hierbei ist, dass es den Kindern Spaß macht (= motivierende und zu bewältigende Übungen).

Zirkeltraining mit verschiedenen Zielsetzungen

Das Zirkeltraining in der Grundschule kann unter verschiedenen Zielsetzungen eingesetzt werden. Die häufigste Form des Zirkeltrainings in der Grundschule besteht in der Kraftausdauerbelastung, manchmal im Wechsel mit Schnelligkeits- und Ausdauerübungen. Die meisten Zirkel dienen dazu, die Fitness im Allgemeinen zu trainieren. Es gibt aber auch Zirkel, die auf bestimmte Sportarten ausgerichtet sind.

KOHL VERLAG ZIRKELTRaINING in der Grundschule – Bestell-Nr. 13 022

D Ziele und wichtige Punkte zur Durchführung eines Zirkeltrainings

Zirkeltraining verändern – Partnerzirkel

Um einen anderen Schwerpunkt zu setzen, kann man den gesamten Zirkel mit Partnerübungen gestalten. Dabei müssen Aufgaben gemeinsam ausgeführt und gelöst werden. Man muss sich auf den Partner einstellen und sich gegenseitig anpassen.

Effektives Üben/Trainieren und Ganzkörpertraining

Bei einem Zirkeltraining können viele Kinder gleichzeitig ihre Übungen ausführen. Das Zirkeltraining gilt als eines der effektivsten Trainings- und Übungsprogramme. Da bei einer entsprechenden Übungsauswahl Kondition, Kraft, Kraftausdauer, Schnelligkeit, Koordination und Beweglichkeit geschult werden – handelt es sich immer auch um ein Ganzkörpertraining. Es kann somit in kurzer Zeit ein hoher Übungs-/Trainingsumfang erreicht werden.

Differenzierte Übungen – Voraussetzungen der Kinder berücksichtigen

Um dem unterschiedlichen Leistungsstand/Fitnesszustand der Kinder gerecht zu werden, ist es manchmal empfehlenswert, die jeweilige Übung (differenziert) in Variationen anzubieten.

Beispiele:
Um die Arm-, Brust-, Rücken- und Schultermuskulatur der Kinder differenziert zu trainieren, empfiehlt es sich z. B., den „Knieliegestütz" und den „ganz normalen Liegestütz" zugleich anzubieten, damit die Kinder eine Wahlmöglichkeit haben.

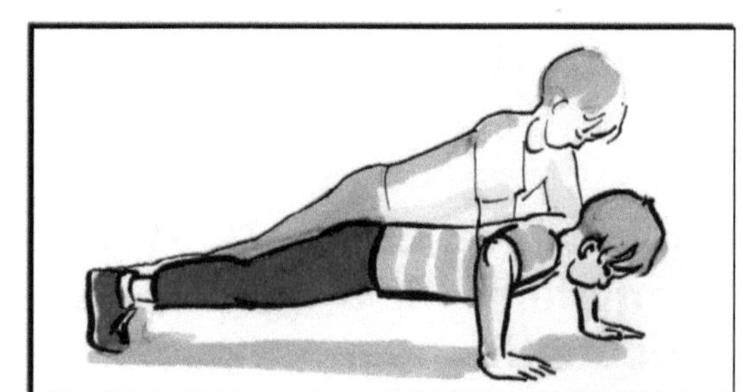

Um die Bauchmuskulatur der Kinder differenziert zu trainieren, empfiehlt es sich z. B., das „Aufrichten aus der Rückenlage mit Unterstützung des Partners" und das „Anheben der Beine mit kurzem Aufsetzen der Füße auf die Kastenkante" zugleich anzubieten, damit auch hier eine Wahlmöglichkeit besteht.

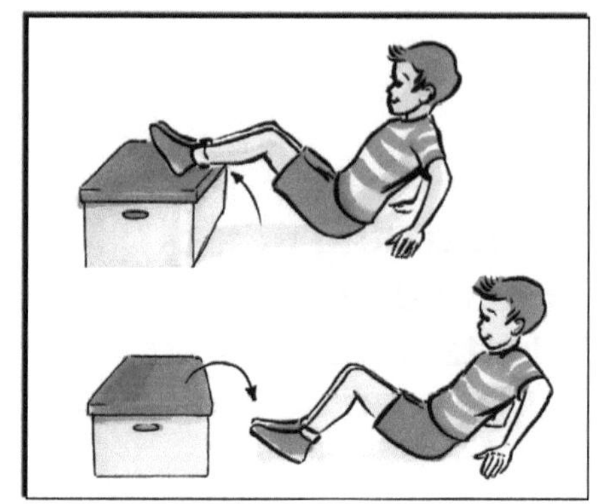

ZIRKELTRAINING in der Grundschule – KOHL VERLAG – Bestell-Nr. 12 032

Hinweise und Tipps zur Gestaltung eines Zirkeltrainings

– Örtliche Gegebenheiten – Übungsauswahl – Anordnung der Geräte – Übungsweise –

E1 Örtliche Gegebenheiten – Sporthalle und Geräte

Bei der Planung eines Zirkel-Trainings muss der Sportlehrer natürlich immer die jeweiligen örtlichen Gegebenheiten berücksichtigen. Damit ist die Ausstattung der Sporthalle mit Hand-, Klein- und Turngeräten und die sich daraus ergebende Anordnung der Großgeräte gemeint.

Folgende Punkte sollten beachtet werden:

➔ Steht die gesamte Sporthalle oder nur eine Hälfte bzw. ein Drittel zur Verfügung?

➔ An welchen Standorten sind die fest installierten Geräte wie Recke, Taue, Basketballkörbe oder Sprossenwände/Gitterleitern angebracht?

➔ Wenn z. B. ein Zirkeltraining unter Einsatz von Recken oder der Sprossenwand geplant ist, muss bedacht werden, wo die Recke installiert sind und an welcher Hallenseite sich die Sprossenwand befindet.

➔ Wenn z. B. ein Zirkeltraining unter Einsatz von kleinen Kästen geplant ist, muss bedacht werden, dass in der Regel 6-8, manchmal aber auch nur 4 kleine Kästen in der Sporthalle vorhanden sind.

➔ Welche Hand- und Kleingeräte stehen zur Verfügung und in welcher Anzahl sind sie verfügbar?

➔ Wenn z. B. ein Zirkeltraining unter Einsatz von Handgeräten geplant ist, muss bedacht werden, dass die Handgeräte (Bälle, Springseile, Stäbe, Gymnastikreifen) in ausreichender Anzahl vorhanden sind.

Einsatz von Handgeräten

Turnstab aus Holz
Länge 80-100 cm

Gymnastikreifen
50-60 cm Durchmesser

Gymnastikball
16 cm Durchmesser

Medizinball 0,8-1 kg
21 cm Durchmesser

Markierungskegel
13 • 13 • 23 cm

Springseil
2,50-2,80 m

E Hinweise und Tipps zur Gestaltung eines Zirkeltrainings

E2 Übungsauswahl und Übungsausführung

Um eine wirkliche Kräftigung der jeweiligen Muskulatur zu erreichen, ist es ganz wichtig, dass den Kindern Übungen angeboten werden, die motivierend und ohne Probleme korrekt ausführbar sind. Bei genauerem Hinsehen stellt man aber schnell fest, dass die Anzahl der geeigneten Übungen deutlich geringer ist als zunächst angenommen.

- Die ausgewählten Übungen sollten einfach und eindeutig in der Ausführung sein.
- Es werden nur solche Übungen ausgewählt, die in der Regel von allen Jungen und Mädchen zumindest in der Grobform ausgeführt werden können.
- Die ausgewählten Übungen sollten klar erkenn- und gut kontrollierbar sein.
- Außerdem sollten die an den einzelnen Stationen erreichbaren Wiederholungszahlen nicht allzu sehr voneinander abweichen. Ansonsten verleitet man die Schüler dazu, sich an den „langsamen" Stationen zu schonen, um an den „schnellen" umso mehr Punkte zu sammeln.[1]
- Jedes Kind erkennt, ob die Übung korrekt und auch „zählbar" ausgeführt worden ist.

Gerade im Sportunterricht der Grundschule mit den doch recht unterschiedlichen Kindern innerhalb einer Klasse/Gruppe muss diese Forderung unbedingt beachtet werden, weil sonst „gemogelt" wird und es auch oft zu Unstimmigkeiten kommen kann. Der Sportlehrer hat es durch die entsprechende Auswahl von Übungen in der Hand, für klare Verhältnisse zu sorgen.

Beispiel: Auf- und Abstützen an der Turnbank
Liegestütz frontal zur Turnbank: Auf- und Abstützen mit den Händen. Erst mit einer Hand auf die Sitzfläche der Bank stützen, gleich danach folgt die andere Hand. Anschließend wieder eine Hand auf den Boden führen und sofort danach die andere Hand dazusetzen.
Wertung: Beide Hände befinden sich auf der Bank = 1 Punkt

Beispiel: Aufrichten des Oberkörpers aus der Rückenlage

Nicht ganz eindeutig zu kontrollieren!
Nur bedingt für ein Zirkeltraining geeignet!

Rückenlage, einen Fuß auf die Bank setzen, einen Fuß darunter. Die Hände werden an die Ohren gelegt. Aufrichten des Oberkörpers mit geradem Rücken, bis der Oberkörper ca. 45° erreicht. Dann wieder absenken und erneut ausführen.

Da beim Zirkeltraining unter Zeitdruck geübt wird und jedes Kind möglichst viele erfolgreiche Wiederholungen in Form von Punkten erreichen möchte, kann es sein, dass die Übung nur flüchtig und nicht korrekt ausgeführt wird; z. B. wird der Oberkörper nur etwas vom Boden angehoben und dann sofort wieder abgelegt. Es ist also zu überlegen, ob nicht eine andere Übung besser geeignet ist.

Beispiel: Seilspringen und Durchkriechen des Kastenteils
Schlusssprünge mit dem Seil: jeder Durchschlag = 1 Punkt
Hockwende über das Kastenteil mit anschließendem Durchkriechen = 1 Punkt

In der Praxis hat es sich bewährt, die erreichte Punktzahl zwecks Angleichung je nachdem zu dividieren bzw. zu multiplizieren, d. h. bei 30 Seilsprüngen (geteilt durch 2 =) 15 Punkte und beim 5-maligen Durchkriechen (mal 2 =) 10 Punkte gutzuschreiben. So wird eine etwaige Annäherung erreicht. Oder man verzichtet auf solch unterschiedliche Übungen innerhalb eines Rundgangs.

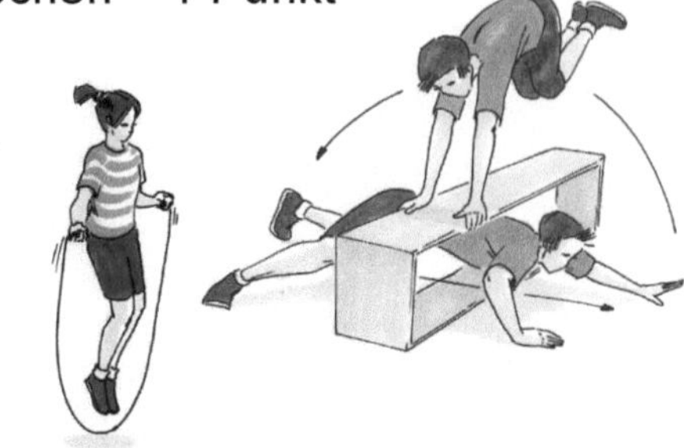

[1] Kern, U./Söll, W.: Praxis und Methodik der Schulsportarten, S. 44

Hinweise und Tipps zur Gestaltung eines Zirkeltrainings

E3 Anordnung der Geräte und Anzahl der Stationen

Die jeweilige „richtige“ Anordnung der Stationen ist immer auch ein räumliches Problem, denn nicht jede Station lässt sich an beliebiger Stelle in der Sporthalle aufbauen. Es sind immer die jeweiligen örtlichen Gegebenheiten zu berücksichtigen, lange Transportwege von Großgeräten sollten vermieden werden.

Grundsätzlich werden die Stationen im *Oval* in der Sporthalle aufgebaut.

Die Reihenfolge der Übungen bzw. die Anordnung der Stationen ist so zu planen und durchzuführen, dass die Hauptmuskelgruppen im Wechsel nacheinander angesprochen und beansprucht werden; d. h. nach einer Übung für die Armmuskulatur folgt eine Übung für die Bauchmuskulatur, danach folgt eine Übung für die Beinmuskulatur und daran schließt sich eine Übung für die Rückenmuskulatur an. Das Grundprinzip stellt sich wie folgt dar:[1]

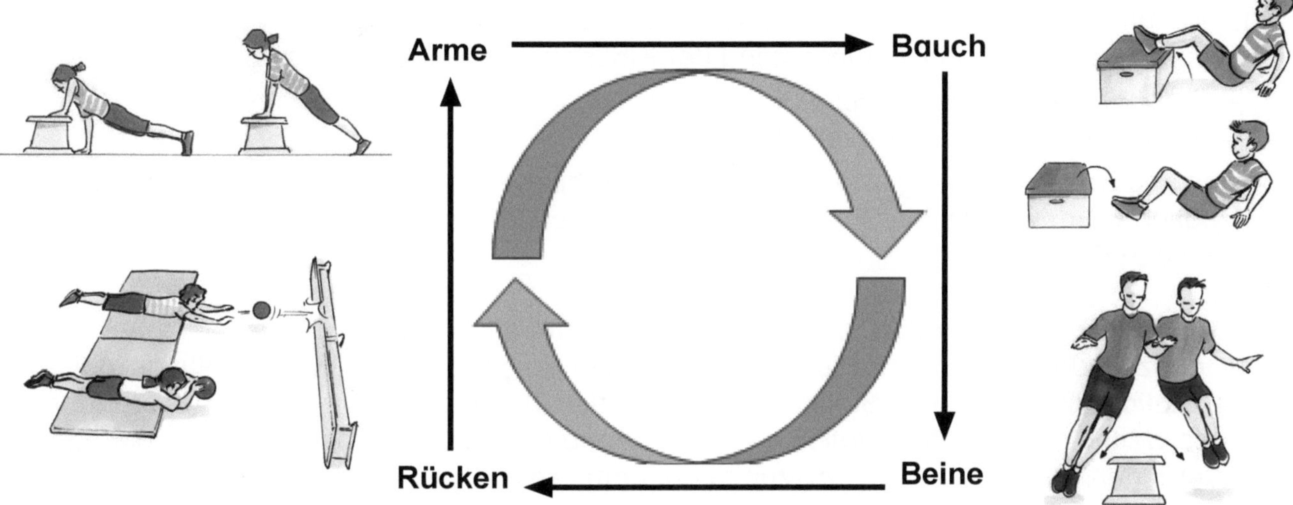

Erhöht sich die Anzahl der Stationen, d. h. integriert man in den Grundablauf einen zweiten, so erhält man folgenden Beispieldurchgang.

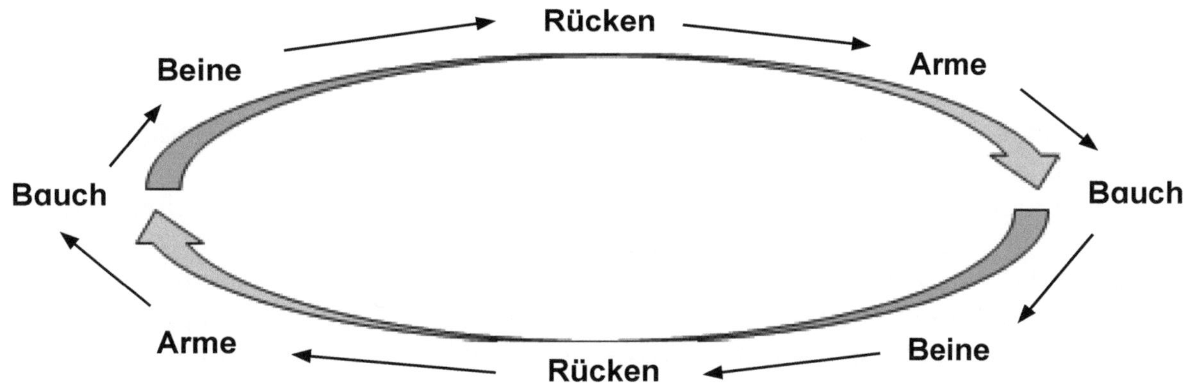

Natürlich sind neben den oben genannten allgemeinen Rundgängen auch andere mit bestimmten Schwerpunkten empfehlenswert, z. B.

- zur Verbesserung von koordinativen Fähigkeiten oder
- zur Kräftigung bestimmter Muskelgruppen.

Anzahl der Stationen

Die Anzahl der Stationen ist immer abhängig von der Gruppen- bzw. Klassengröße und natürlich auch vom Gerätebestand in der Sporthalle. In der Grundschule (1. und 2. Klasse) beginnt man mit 4 Stationen, erweitert den Rundgang evtl. auf 6 Stationen. Im 3. und 4. Schuljahr kann evtl. das Programm mit „geübten“ Gruppen/Klassen auch auf 8 Stationen ausgedehnt werden.

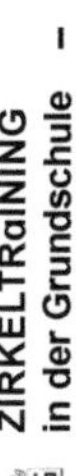

[1] Kern, U./Söll, W.: Praxis und Methodik der Schulsportarten, S. 44

E4 Übungsweise: Zirkeltraining im ganz normalen Sportunterricht

Bei der üblichen Durchführung eines Zirkeltrainings werden feste Übungszeiten mit entsprechenden Pausen vorgegeben, z. B.:

Übungszeit

Pause

Das Verhältnis zwischen Übungszeit und Pause kann natürlich je nach Art des Zirkeltrainings, aber auch nach Alter und Leistungsstand der Kinder verändert werden, z. B.:

– Übungszeit 20 sec – Pause 20 sec oder
– Übungszeit 30 sec – Pause 20 sec

Beginn und Ende der Übungszeit und der sich anschließende Wechsel in der Pause zur nächsten Station werden durch ein Signal (Pfiff, Handklatsch, Stimme, Musikbeginn und Musikende) bekanntgegeben.

Feste Wiederholungszahlen und Gesamtdurchlaufzeit
Eine ganz andere Übungsmöglichkeit liegt in der Vorgabe fester Wiederholungszahlen an jeder Station, d. h. an jeder Station muss z. B. die Übung 10-mal ausgeführt werden, dann geht es weiter zur nächsten Station usw. Beim Aufbau sind „Überholstationen" – die nachher übersprungen werden können – einzuplanen, damit kein „Stau" entsteht. Es sind keine festen Pausen vorgesehen, es zählt nur die Gesamtdurchlaufzeit, die nach der letzten duchlaufenen Station gestoppt wird. Die Übenden teilen sich also ihre Pausen selbst ein.

Weitere wichtige, allgemein beachtenswerte Punkte

- Alle Übungen werden zu Beginn des Rundgangs vom Sportlehrer oder von einem Kind demonstriert. Hierbei kann die Lehrkraft weitere ergänzende Hinweise zur Ausführung geben.
- Die Übungsreihenfolge wird auch bei mehrmaliger Ausführung des Rundgangs immer beibehalten.
- Es wird regelmäßig geübt, d. h. zumindest einmal pro Woche wird der Übungsrundgang über 4-6 Wochen hin andauernd regelmäßig ausgeführt.
- Während der einzelnen Durchgänge wird das Ergebnis an jeder Station und das Gesamtergebnis auf dem persönlichen Blatt festgehalten. Dabei zählt jedes Kind selbst mit und schreibt auf. In der Praxis hat es sich bewährt, dass ein Partner kontrolliert, zählt und aufschreibt.

	Vor- und Zuname: *Markus Schulze*			**Klasse:** *3b*	
Station	**Übung**	**Datum: 16. Mai**	**Datum: 23. Mai**	**Datum:**	**Datum:**
1	*Hockwende über die Bank*	**15**	**16**		
2	*Schlusssprung auf kleinen Kasten*	**12**	**14**		
3	*Auf- und Abstützen an der Bank*	**12**	**13**		
4	*Ballwurf gegen Wand vom kleinen Kasten*	**10**	**10**		
	Summe	**49**	**53**		

Gestaltung der Arbeitskarten

– Format – Übung – Abbildung –

Die Arbeitskarten können im DIN A5- oder DIN A4-Format aus Papier oder aus Karton angefertigt werden. Es hat sich bewährt, die Arbeitskarten in Klarsichthüllen zu stecken und am Ende der Stunde wieder einzusammeln, damit sie beim nächsten Einsatz erneut zur Verfügung stehen.

Die Karten werden aufgehoben, sie können immer wieder neu für das jeweilige, aktuell geplante Zirkeltraining zum benötigten Kreis (Oval) zusammengestellt bzw. auch nur die Reihenfolge geändert werden. So wird die Planung des Zirkeltrainings erheblich vereinfacht; man kann zunächst einmal aus dem vorhandenen Fundus die Arbeitskarten auswählen und nur mit diesen den geplanten Kreis aus Übungsstationen quasi „am Reißbrett" als Modell vor sich auslegen. Dabei kann man noch leicht Karten hin und her schieben bzw. austauschen. Erst dann geht man an den Aufbau.

Bei der Erstellung von Arbeitskarten sollten folgende Punkte beachtet werden:

- **Überschrift**: Die Benennung/Bezeichnung der Übung
- **Standort Schüler**: Wo innerhalb der Station befindet sich der Ausführende beim Üben?
- **Ausführung**: Eine kurze und klar verständliche Beschreibung der Übung
- **Übungswirkung**: Welcher Trainingseffekt soll erzielt werden?
- **Zählweise/Wertung**: Was zählt als 1 Punkt? Muss das Ergebnis evtl. multipliziert/ dividiert werden?
- **Geräte**: Evtl. notwendige Angaben zum Gerätbedarf und Gerätaufbau
- **Abbildung**: Eine anschauliche bildhafte Darstellung der Übung

Im Folgenden werden drei Beispiele dargestellt.

Hockwende über die Turnbank

Standort Schüler: Stand seitlich neben der Turnbank

Ausführung: kurzes auftaktartiges Hüpfen mit anschließender Hockwende über die Turnbank. Wieder kurzes Zwischenfedern und Hockwende zurück zum Ausgangspunkt usw.

Übungswirkung:
– Kräftigung der Arm- und Schultermuskulatur
– Ganzkörperübung

Zählweise/Wertung: jede Hockwende über die Turnbank = 1 Punkt

Geräte: 1 Turnbank

F Gestaltung der Arbeitskarten

Ballwurf gegen die Wand vom kleinen Kasten

Standort Schüler: Stand auf einem kleinen Kasten – Abstand zur Wand ca. 2-3 m

Ausführung: den Ball so gegen die Wand werfen, dass man ihn anschließend wieder fangen kann

Übungswirkung: Schulung und Verbesserung koordinativer Fähigkeiten

Zählweise/Wertung: jeder gefangene Ball = 1 Punkt

Geräte:
- 1 kleiner Kasten
- 1 Gymnastikball

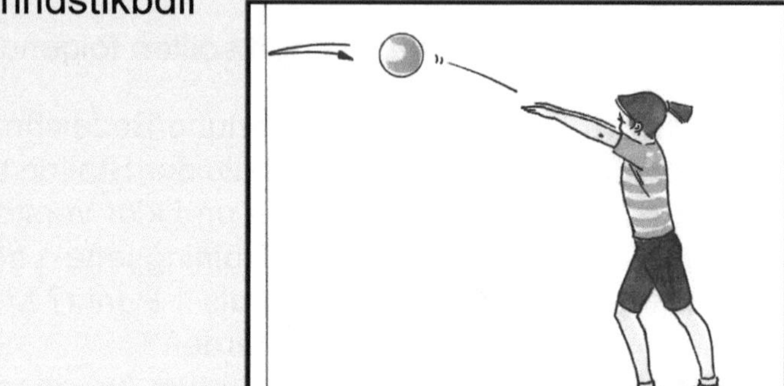

Auf- und Abstützen an der Turnbank

Standort Schüler: Liegestütz vor der Bank mit gestrecktem Körper

Ausführung: zuerst eine Hand auf die Sitzfläche der Turnbank setzen, danach sofort die andere; anschließend wieder eine Hand auf den Boden führen, dann die andere usw.

Übungswirkung: Kräftigung der Arm- und Schultermuskulatur

Zählweise/Wertung: beide Hände auf der Sitzfläche = 1 Punkt

Geräte: 1 Turnbank

Einsatz von Handgeräten und Turngeräten

– Übersicht – Auswahl – alternative Nutzung –

Das selbstständige Üben beim Zirkeltraining mit und an Geräten ist und kann nicht frei von Risiko sein. Aus diesem Grund sind die Voraussetzungen der Kinder bei der Auswahl der Übungen und die Rahmenbedingungen vor Ort in der jeweiligen Sporthalle von großer Bedeutung. Turngeräte (Groß- und Kleingeräte) sowie Handgeräte gehören in der Regel zur Grundausstattung einer jeden Sporthalle. Bei der Planung eines Zirkeltrainings muss beachtet werden, dass manche Großgeräte in der Sporthalle fest installiert sind, z. B. Recke, Sprossenwände, Gitterleiter und Ringe. Der Sportlehrer muss sich vor dem Einsatz der Großgeräte auch immer von der Funktionsfähigkeit und Sicherheit der eingesetzten Geräte überzeugen. Außerdem werden aber auch Turngeräte (Großgeräte und Kleingeräte) für Übungen im Zirkeltraining alternativ genutzt. Durch die alternative Nutzung ergeben sich viele vom Standard abweichende Übungsmöglichkeiten, um die konditionellen und koordinativen Fähigkeiten zu schulen.

Beim Zirkeltraining in der Grundschule kommen häufig folgende Handgeräte zum Einsatz:

- Gymnastikbälle aus Gummi in den Farben blau, gelb, rot, grün, bunt mit einem Ø von 16 cm;
- Medizinbälle aus Gummi (WV-Medizinball) mit einem Gewicht von 0,8-1 kg und Ø von 21 cm;
- Basketbälle aus PU-Schaumstoff mit einem Ø von 200 mm, ca. 300g;
- Springseile aus Weichfaser an den Enden mit Knoten, Länge 2,50-2,80 m oder Springseil aus Polypropylen in den Farben blau, rot, gelb, grün, Länge 3 m;
- Gymnastikreifen aus Holz mit einem Ø von 50-60 cm oder aus Kunststoff in verschiedenen Farben blau, gelb, grün, rot mit einem Ø von 50-60 cm;
- Turnstäbe aus Holz in den Längen von 80-100 cm oder aus Kunststoff in den Farben blau, gelb, grün, rot in den Längen von 80-120 cm;
- Turnkeulen aus Holz in den Größen 36-38 cm oder Kinder-Gymnastikkeulen in den Farben blau, gelb, grün, rot und ca. 35 cm hoch;
- Markierungskegel (Pylone) rot leuchtend mit weißen Streifen, 230 • 230 • 320 mm oder in den Farben orange, gelb, rot, blau und grün, 130 • 30 • 230 mm;
- Tennisringe aus Moosgummi, Ø innen 10,5 cm, außen 17 cm in den Farben blau, rot und weiß.

Beim Zirkeltraining in der Grundschule kommen häufig folgende Turngeräte zum Einsatz:

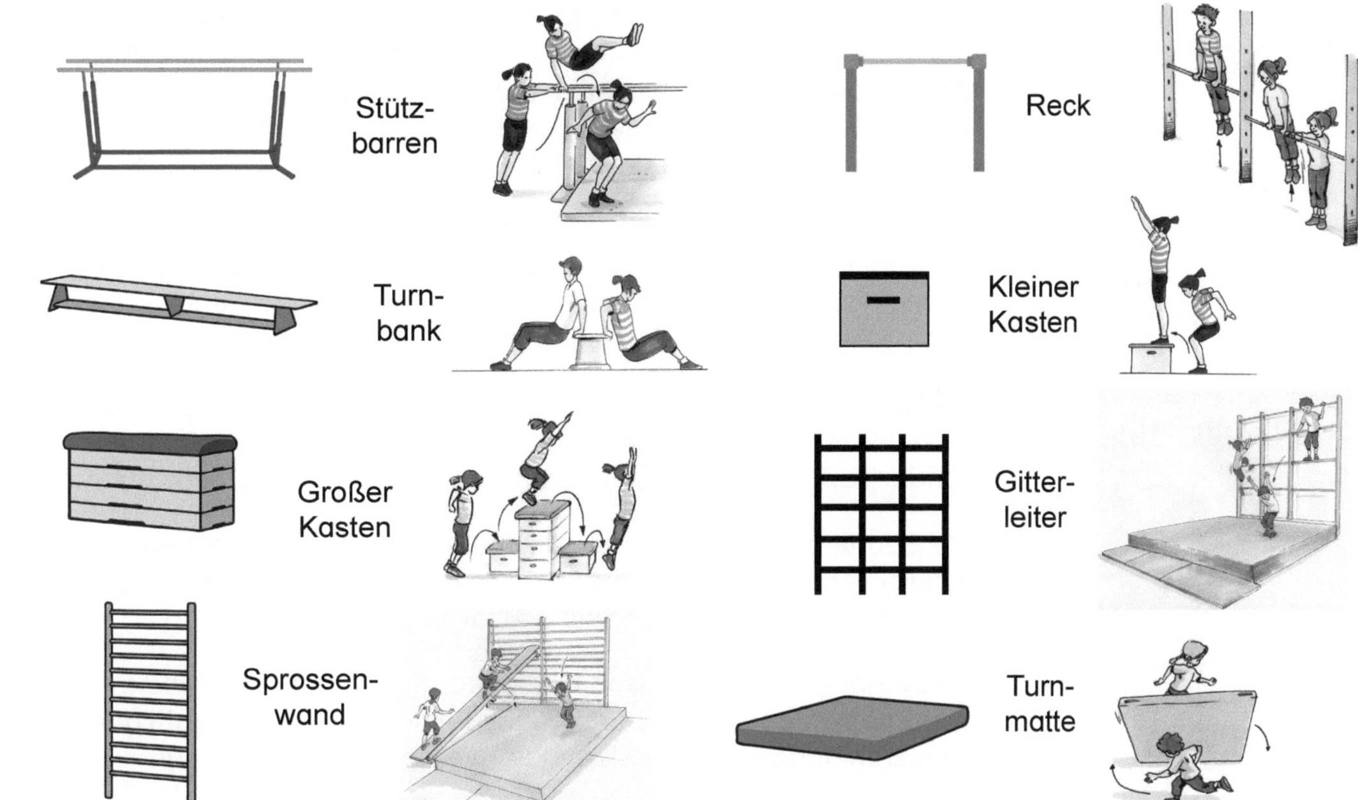

ZIRKELTRAINING in der Grundschule – Bestell-Nr. 13 022
KOHL VERLAG

H Hinweise und Tipps: Zirkeltraining in der Grundschule

– Reihenfolge – Üben mit dem Partner – Wechsel –

Sporthalle und Geräte

Zirkeltraining findet in der Regel in einer Sporthalle statt. Die benötigten Turngeräte für die Durchführung des geplanten Zirkels befinden sich im Geräteraum, die Handgeräte werden in Schränken, Ballwagen etc. aufbewahrt.

Reihenfolge

Damit die Reihenfolge der zu durchlaufenden Stationen schon optisch klar ersichtlich ist, werden die Stationen im Kreis bzw. im Oval aufgebaut. Diese Anordnung beugt Orientierungsproblemen der Kinder vor. Wenn zu wenig Platz vorhanden ist, z. B. wenn nur die Hälfte oder ein Drittel der Halle zur Verfügung steht, können die Stationen auch mit Pappschildern nummeriert oder mit Pylonen gekennzeichnet werden.

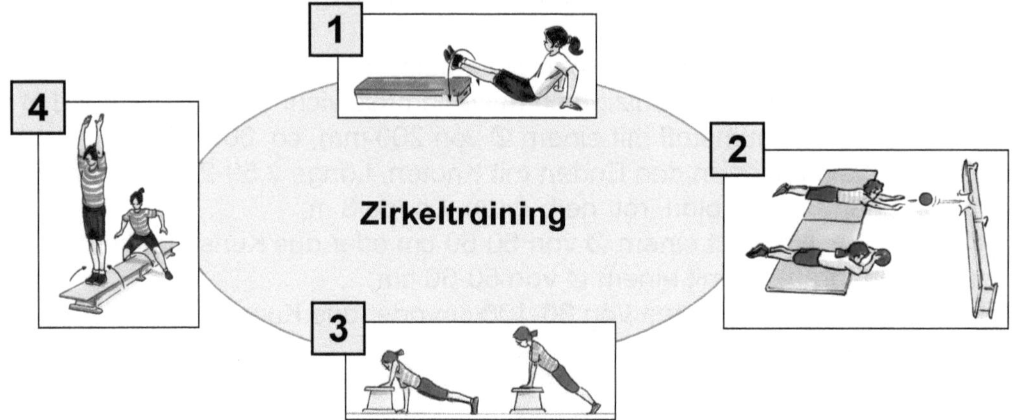

Ablauf des Zirkeltrainings

Partner suchen

Alle Mädchen und Jungen finden sich zu Paaren zusammen – bilden „Übungspaare".

Aufbau und Geräte

Alle Stationen werden vor Beginn des Übens gemeinsam an den vorher gekennzeichneten Stellplätzen aufgebaut. Der Sportlehrer erklärt zusätzlich die Stellplätze anhand eines Aufbauplanes und sagt an, welche Paare welche Geräte holen und aufbauen. Bei Großgeräten wie Stützbarren und Recken unterstützt der Sportlehrer den Aufbau.

Warm machen

Vor Beginn des Übens üben die Kinder beliebig an den Stationen, um sich dabei zu „erwärmen". Dies gilt insbesondere auch für die Kinder, die erst im zweiten Durchgang drankommen.

Gemeinsam beginnen

Die Übungspaare verteilen sich an den einzelnen Stationen, Kind a macht sich bereit, Kind b steht mit etwas Abstand daneben. Alle „Kinder der Gruppe a" beginnen gleichzeitig mit dem Üben.

Übungszeit

Der Sportlehrer gibt durch ein Zeichen (Pfiff, Hupe, Tamburinschlag) den Übungsbeginn und das Übungsende bekannt. Das Signal muss für alle Kinder gut hörbar sein.

Kind *a* übt

Kind a übt zunächst an allen Stationen, *Kind b* begleitet *Kind a* während des gesamten Durchgangs und schreibt die Anzahl der Wiederholungen evtl. auf dem dafür vorgesehenen Blatt auf.

H Hinweise und Tipps: Zirkeltraining in der Grundschule

Station	Übung	Datum	Datum	Datum
1	*Anheben der Beine über den Kastendeckel und auf der anderen Seite kurz ablegen. Dann wieder zurück.*			
2	*Ballstoß aus der Bauchlage gegen die Turnbank.*			
3	*Auf- und Abstützen an der Turnbank. Danach die Hände wieder auf den Boden zurückführen.*			
4	*Aus dem Grätschstand über der Bank erfolgt Schlusssprung auf die Turnbank. Danach wieder in den Grätschstand springen.*			
	Punkte insgesamt			

Reihenfolge

Jedes Paar hält sich genau an die vorgesehene Reihenfolge der Übungen. Wer z. B. an Station 2 angefangen hat, geht anschließend zur Station 3; wer an Station 1 begonnen hat, begibt sich anschließend zur Station 2 usw. Die Wechselzeit gilt gleichzeitig als Regenerationsphase.

Wechsel auf *Kind b*

Erst nachdem Kind a an allen Stationen geübt hat, erfolgt der Wechsel, jetzt übt Kind b, und Kind a begleitet, zählt und notiert.

Bei dem folgenden Beispiel sind insgesamt 24 Kinder an 4 Stationen beteiligt – an jeder Station befinden sich 6 Kinder, d. h. 3 *Kinder a* üben und 3 *Kinder b* begleiten und zählen die Ergebnisse.

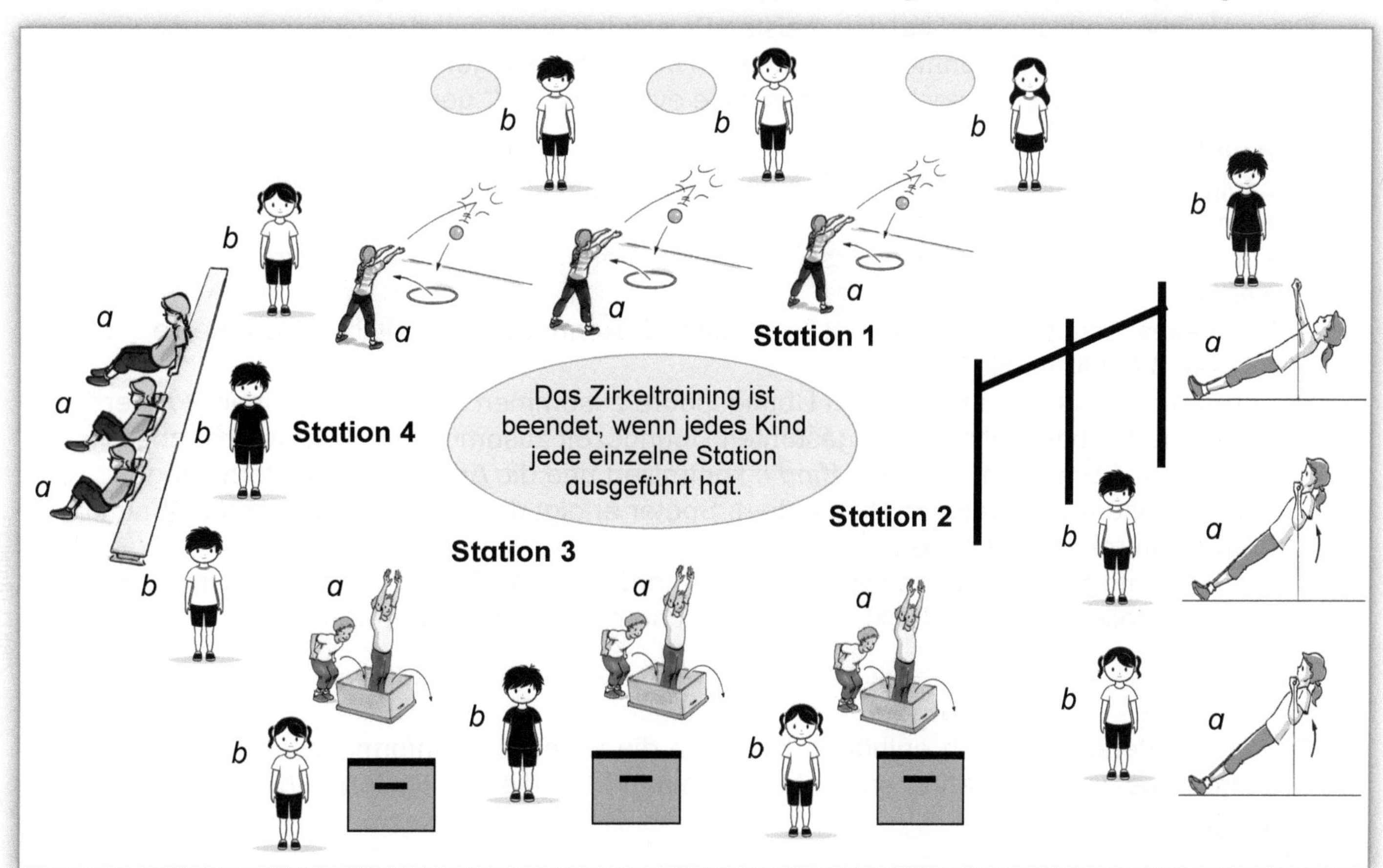

I Hinweise zum Aufbau und Inhalt der Beispiele

– Thema/Schwerpunkte – Planung und Durchführung – Gerätanordnung – Stationen –

Grundsätzlich sind die in diesem Buch aufgeführten Beispiele für Kinder der 1.-4. Klasse gedacht. Bei der Zuordnung (geeignet für die entsprechende Klasse) müssen natürlich immer der zu leistende Aufbau, die Organisation insgesamt, die Anzahl der Stationen und die ausgewählten Übungen berücksichtigt werden.

Im Folgenden werden 12 praktisch erprobte Rundgänge (1-12) genannt, beschrieben und anschaulich dargestellt. Das Beispiel 1 (a-c) macht Kinder Schritt für Schritt mit dem Ablauf eines Zirkeltrainings vertraut. Kinder, die bisher keine Erfahrungen mit einem Zirkeltraining gemacht haben, sollten diese hinführenden Angebote und die Form des Übens unbedingt kennenlernen.

Alle anderen Beispiele (2-12) weisen zum besseren Verständnis den gleichen Aufbau – die gleiche Struktur auf. Somit wird für eine bessere Übersichtlichkeit gesorgt und der Lehrer findet sich sofort zurecht. Die folgenden Anmerkungen mit Beispielen veranschaulichen diese Punkte deutlich.

Thema und Schwerpunkte (Überschrift)

Hier werden die Zielsetzungen des jeweiligen gesamten Zirkeltrainings und die inhaltlichen Schwerpunkte genannt. Die Unterüberschrift benennt weitere Details über die Schwerpunkte und Inhalte dieses Programms.

***Beispiel*:**

> **5) Zirkeltraining – Kräftigen der Hauptmuskelgruppen an 4 Stationen**
> – Muskuläre Belastung – Turngeräte alternativ nutzen – anspruchsvolle Übungen –

Grundsätzliche Vorüberlegungen zur Planung und Durchführung

Hier werden wichtige Punkte zur Auswahl der Übungen und der Organisation aufgeführt. Außerdem werden hier auch schon einmal die benötigten Geräte und die Reihenfolge sowie Kennzeichnung der Stationen genannt. Wichtige Hinweise zum grundsätzlichen Ablauf wie Partnersuche, Übungsablauf – Kind a übt, Kind b zählt – ergänzen diese Vorüberlegungen. Diese Vorüberlegungen sind bei den meisten Beispielen ähnlich und weisen nur geringe Abweichungen auf. Die hier genannten Anmerkungen beruhen auf eigenen praktischen Unterrichtserfahrungen und müssen je nach Gruppe/Klasse evtl. „passend" gemacht werden.

***Beispiel*:**
Das folgende Beispiel ist für Kinder/Schüler gedacht, die den Ablauf eines Zirkeltrainings kennen und sicher beherrschen.

- Für manche Kinder ist es neu, dass nun auch Turngeräte wie der Stützbarren eingesetzt werden.
- Für dieses Zirkeltraining werden 2 Turnbänke, 6 Turnmatten, 2 Stützbarren, 7 kleine Kästen, 3 Medizinbälle benötigt.
- Vor Beginn des Übens finden sich Übungspaare zusammen: „Sucht euch einen Partner!"
- Die Paare bleiben während der gesamten Übungszeit zusammen, d. h. zunächst absolviert *Kind a* alle 4 Übungen, während *Kind b* kontrolliert und die Anzahl der Wiederholungen evtl. auf einem vorbereiteten Blatt notiert. Später erfolgt der Rollentausch: *Kind b* übt und *Kind a* kontrolliert und notiert.
- Die Reihenfolge der Übungen ist durch die Anordnung der Geräte (Turnbänke) im Oval der Sporthalle für alle Kinder klar erkennbar und muss eingehalten werden.

Ziele – geeignet für – Anzahl der Stationen – teilnehmende Kinder – Übungszeit – Wechselzeit – benötigte Geräte

Der grau unterlegte Kasten enthält in Kurzform die wichtigsten Informationen des jeweiligen Zirkeltrainings. Der Sportlehrer erkennt so auf einen Blick die wichtigsten Punkte dieses Zirkeltrainings.

Hinweise zum Aufbau und Inhalt der Beispiele

***Beispiel*:**

Ziele:	Kräftigen der Hauptmuskelgruppen
Schulen der Grundtätigkeiten:	Hüpfen – Springen – Stoßen – Heben – Stützen – Schwingen
geeignet für:	Kinder der zweiten und dritten Klasse acht- bis neunjährige Kinder
Anzahl der Stationen:	4
teilnehmende Kinder:	24 Kinder – an jeder Station insgesamt 6 Kinder = immer 3 übende und 3 zählende Kinder
Übungszeit:	20 sec an jeder Station
Wechselzeit:	30 sec
benötigte Geräte:	2 Turnbänke, 6 Turnmatten, 2 Stützbarren, 7 kleine Kästen, 3 Medizinbälle (Basketbälle)

Geräteanordnung – Stationen

Die Skizze zeigt die Anordnung und Nummerierung der Stationen im Oval der Sporthalle. Die eingefügten Abbildungen veranschaulichen die praktische Ausführung der Übungen am geplanten Ort unter Einsatz der benötigten Geräte. Bei den ersten Beispielen sind immer die übenden Kinder und die kontrollierenden/zählenden Kinder in der entsprechenden Anzahl auf der Skizze ersichtlich (siehe Beispiel). Später werden nur noch die übenden Kinder bei der Ausführung der jeweiligen Aufgabe gezeigt.

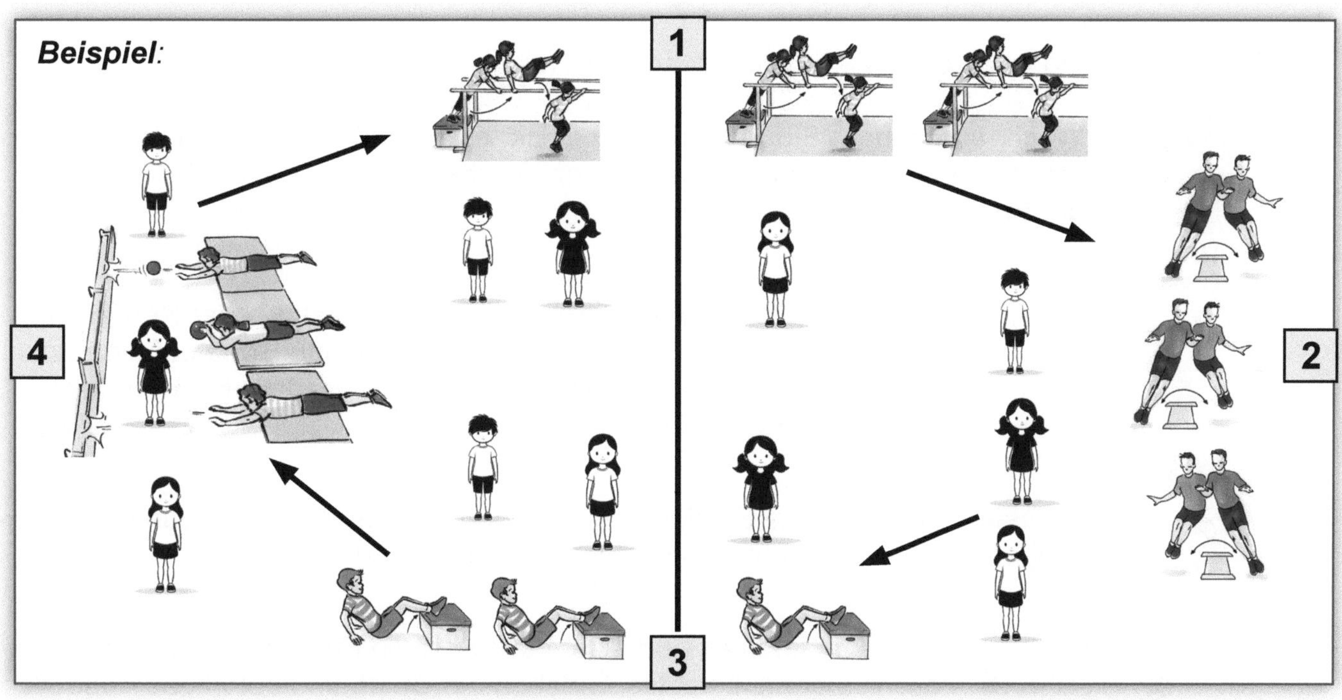

Beschreibung der Stationen mit Abbildung

Zunächst wird hier die eigentliche Aufgabe (Übung) in Kurzform genannt. Danach werden die Grundtätigkeiten erwähnt, die bei der Ausführung der Übungen beansprucht werden. Anschließend werden die zu kräftigenden Muskelgruppen bzw. die zu verbessernden koordinativen Fähigkeiten genannt. Danach wird die jeweilige Übung ausführlich beschrieben. Zum Abschluss folgen genaue Angaben zur Wertung.

***Beispiel*:** **2. Station:** **Schlusssprünge über die Turnbank**

- Anwenden/Schulen der Grundtätigkeiten Hüpfen und Springen
- Kräftigen der Sprung- und Beinmuskulatur

Aus dem Stand neben der Turnbank Schlusssprünge über die Bank auf die andere Seite. Kurzes Zwischenfedern und erneuter Schlusssprung über die Bank. Man kann auch erst auf die Sitzfläche der Bank und dann auf die andere Seite springen.

Wertung: jede Landung auf der anderen Seite = 1 Punkt

ZIRKELTRaINING in der Grundschule – Bestell-Nr. 13 022
KOHL VERLAG

1 Kinder mit dem Zirkeltraining „vertraut machen“

a) Vier Übungen nacheinander an derselben Station in Gruppen (Skizze 1)

Grundsätzliche Überlegungen

Es ist zu empfehlen, Kinder im 1./2. Schuljahr (fünf- bis siebenjährige Jungen und Mädchen), die in der Regel noch keine Erfahrungen mit dieser Form des Sportunterrichts gemacht haben, Schritt für Schritt an das Zirkeltraining heranzuführen. Wenn die Kinder diese vorbereitenden Abläufe/Inhalte/Übungen in den Sportstunden vorher kennengelernt und erlebt haben, wird später auch die Durchführung/Organisation von Übungsrundgängen in Form des „richtigen“ Zirkeltrainings besser vonstatten gehen.

Hinweise zur Durchführung

- Die Geräte (4 Turnbänke) werden im Kreis/Oval aufgestellt. Es hat sich anfangs bewährt, die in der Sporthalle vorhandenen Turnbänke zu nutzen.
- Die Kinder bilden 4 Gruppen (immer 4 bis 6 Kinder) und stellen sich an den Turnbänken auf. Evtl. nimmt der Sportlehrer diese Gruppierungen selbst vor.
- Alle Kinder bleiben immer an ihrer Turnbank und führen dort 4 verschiedene Übungen aus.
- Der Sportlehrer oder ein Kind demonstriert die jeweilige Übung. Danach können es die Kinder evtl. kurz selbst versuchen/ausführen.
- Der Sportlehrer markiert den Beginn und das Ende des Übens durch ein Signal (Pfiff, Hupe, Tamburinschlag). Übungszeit: 15 sec – Pause: ca. 20-30 sec
- Alle Kinder führen die folgenden Übungen nacheinander gemeinsam immer an ihrer Bank aus.
- Jede Übung wird so oft wie möglich ausgeführt (siehe Skizze).

1 

Wechselsprünge: Stand an der der Bank, einen Fuß auf die Bankfläche und einen Fuß auf den Boden setzen, dann Wechselsprünge auf die Sitzfläche der Bank.

2 

Auf- und Abstützen: Liegestütz vorlings an der Bank, der Körper ist fast gestreckt, die Beine sind zusammen. Erst eine Hand auf die Bankfläche setzen, dann die andere. Anschließend wieder eine Hand auf den Boden setzen und danach die andere.

3 

Schlusssprünge auf die Sitzfläche der Turnbank, dann auf den Boden herunterspringen, umdrehen und erneuter Schlusssprung auf die Turnbank.

4 

Beine anhocken und strecken: Sitz: die Füße liegen auf der Kante der Turnbank. Leichtes Anheben der Beine und sofortiges Anhocken mit anschließendem Strecken unter die Sitzfläche der Bank (die Füße dabei möglichst nicht ablegen). Danach folgt wieder das Anhocken und Strecken der Beine mit kurzem Ablegen der Füße auf die Kante der Bank.

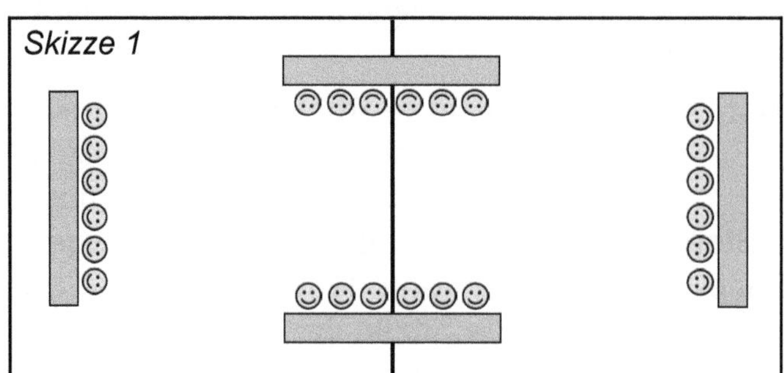

1 Kinder mit dem Zirkeltraining „vertraut machen"

b) Vier Übungen nacheinander an *vier* Stationen in Gruppen (Skizze 2)

Grundsätzliche Überlegungen

Nachdem die Kinder mit dem Beispiel a) erste Erfahrungen mit den ausgewählten Übungen an den Turnbänken gemacht haben, wird nun jeder Turnbank eine Übung zugeordnet, d. h. es werden die vier Übungen nacheinander an unterschiedlichen Orten (an vier Stationen) ausgeführt. Dieser Ablauf entspricht schon mehr dem eigentlichen Zirkeltraining.

Hinweise zur Durchführung

- Die Geräte (4 Turnbänke) werden wieder im Kreis/Oval aufgestellt.
- Die Kinder bilden 4 Gruppen (immer 4 bis 6 Kinder). Aus Zeitgründen nimmt der Sportlehrer diese Gruppierungen oft selbst vor. Evtl. kann auch auf die Gruppen aus Beispiel 1a) zurückgegriffen werden.
- Jede Gruppe sucht sich zu Beginn des Übens eine Turnbank aus, stellt sich dort auf und wartet auf das Signal, um mit dem Üben zu beginnen.
- Die Übungen sind den Kindern aus dem Beispiel 1a) bekannt, Übungsbeschreibung siehe Beispiel 1a).
- Der Sportlehrer oder ein Kind demonstriert die jeweilige Übung. Danach können die Kinder evtl. noch einmal kurz einige Versuche ausführen.
- Der Sportlehrer markiert den Beginn und das Ende des Übens durch ein Signal (Pfiff, Hupe, Tamburinschlag). Übungszeit: 15 sec – Pause: ca. 20-30 sec
- In der Pause erfolgt der Wechsel in der vorgegebenen Reihenfolge. Wer an Station 1 begonnen hat, geht danach zu Station 2. Wer an Station 4 begonnen hat, geht danach zu Station 1 usw.
- Jede Übung wird so oft wie möglich ausgeführt. Evtl. kann jeder für sich die Anzahl der Wiederholungen über alle 4 Stationen hinweg fortlaufend zusammenzählen.

Jeder Turnbank ist eine Übung zugeordnet.
Turnbank 1 = Schrittwechselsprünge an der Turnbank
Turnbank 2 = Auf- und Abstützen an der Turnbank
Turnbank 3 = Schlusssprünge auf die Sitzfläche der Turnbank
Turnbank 4 = Beine anheben und unter die Sitzfläche strecken, dann wieder zurück

ZIRKELTRaINING in der Grundschule – Bestell-Nr. 13 022
KOHL VERLAG

1 Kinder mit dem Zirkeltraining „vertraut machen“

c) Vier Übungen nacheinander an *vier* Stationen in Partnerform (Skizze 3)

Grundsätzliche Überlegungen

Nachdem die Kinder mit dem Beispiel b) das Üben an verschiedenen Stationen und den Wechsel von Station zu Station kennengelernt haben, folgt nun der letzte vorbereitende Schritt: das Üben in Partnerform: Einer übt und der andere zählt, kontrolliert und notiert evtl. die Anzahl der Wiederholungen.

Es hat sich bewährt, dass *Kind a* zunächst an allen Stationen in der vorgegebenen Reihenfolge übt. *Kind b* begleitet dabei *Kind a* während des gesamten Durchgangs und notiert die Anzahl der Wiederholungen evtl. auf dem dafür vorgesehenen Blatt. Nach diesem Durchgang erfolgt der Rollentausch, d. h. nun übt *Kind b* und *Kind a* zählt bzw. kontrolliert. Diese Hinweise gelten auch für alle anderen Beispiele.

Hinweise zur Durchführung

- Alle Schüler suchen sich einen Partner, d. h. finden sich zu Übungspaaren zusammen. Evtl. macht der Sportlehrer auch Vorschläge zur Paarbildung, z. B. immer ein Junge und ein Mädchen.
- Die Übungspaare verteilen sich an den einzelnen Stationen. Es können immer 3-4 Paare an einer Station üben. *Kind a* macht sich jeweils bereit, *Kind b* steht immer mit etwas Abstand daneben und zählt bzw. kontrolliert.
- Alle *Kinder a* beginnen gleichzeitig mit dem Üben.

***Kind a* = übt, während *Kind b* = die Ergebnisse begleitet, kontrolliert und notiert.**

- Der Sportlehrer gibt durch ein Zeichen (Pfiff, Hupe, Tamburinschlag) den Übungsbeginn und das Übungsende bekannt.

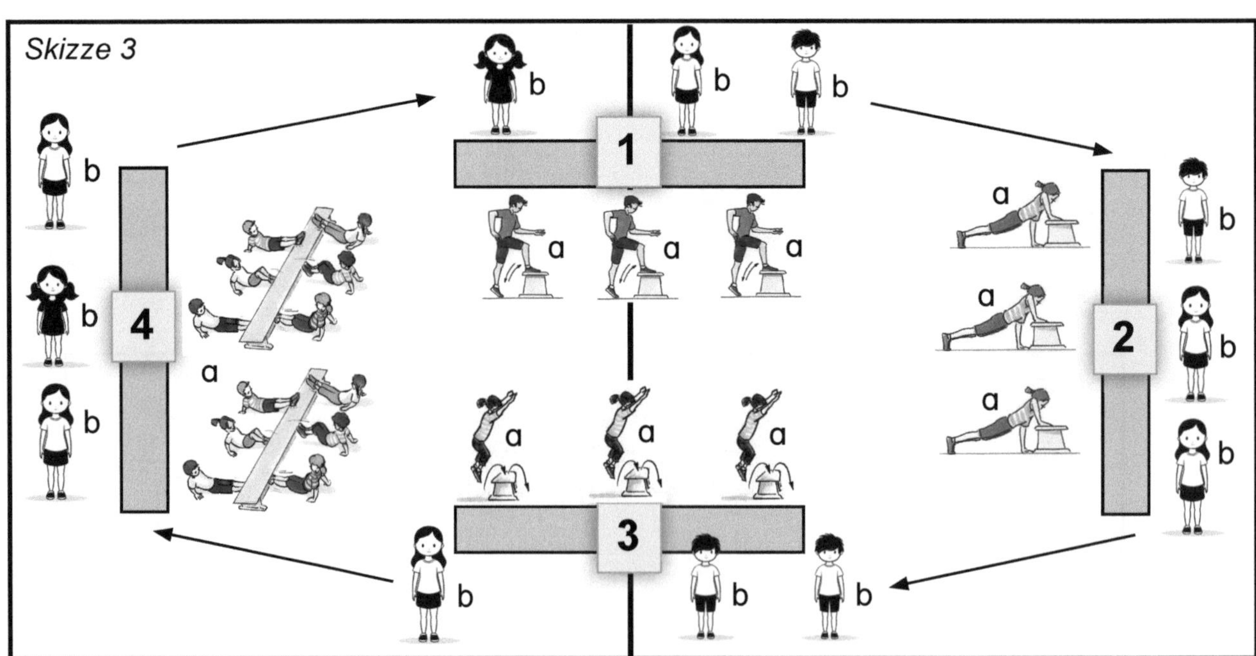

2 Zirkeltraining für „Anfänger" an 4 Stationen

– Ablauf festigen – Üben in Partnerform – Grundtätigkeiten anwenden –

Grundsätzliche Überlegungen zur Planung und Durchführung

- Das folgende einfach zu organisierende Beispiel ist für Kinder/Schüler gedacht, die nach den vorbereitenden Formen (siehe Kapitel 1) zum ersten Mal ein Zirkeltraining in dieser Form durchführen.
- Für dieses erste Zirkeltraining werden 3 Turnbänke, 3 Gymnastikbälle, 1 kleiner Kasten und 6 Keulen (Pylone) benötigt. Die Stationen 1 und 3 erweitern Schritt für Schritt das bisher bekannte Üben durch zusätzliche Handgeräte.
- Vor Beginn des Übens finden sich Übungspaare zusammen: „Sucht euch einen Partner!".
- Die Paare bleiben während der gesamten Übungszeit zusammen, d. h. zunächst absolviert *Kind a* alle 4 Übungen, während *Kind b* kontrolliert und die Anzahl der Wiederholungen evtl. auf einem vorbereiteten Blatt notiert. Später erfolgt der Rollentausch: *Kind b* übt, während *Kind a* kontrolliert und notiert.
- Die Reihenfolge der Übungen ist durch die Anordnung der Geräte (Turnbänke) im Oval der Sporthalle für alle Kinder klar erkennbar und muss eingehalten werden. Evtl. werden die Stationen durch Pappschilder markiert.

- Zur Veranschaulichung der Übungen kann der Sportlehrer auch eine Abbildung in Größe DIN A4 an jeder Station auslegen.
- Die hier genannten Anmerkungen beruhen auf eigenen praktischen Unterrichtserfahrungen und müssen je nach Gruppe/Klasse evtl. angepasst werden.

Ziele:	• Kräftigen der Hauptmuskelgruppen • Anwenden/Schulen der Grundtätigkeiten: Hüpfen, Springen, Stützen, Heben, Werfen, Fangen
geeignet für:	Kinder der ersten und zweiten Klasse sechs- bis achtjährige Kinder
Anzahl der Stationen:	4
teilnehmende Kinder:	24 Kinder – an jeder Station insgesamt 6 Kinder = immer 3 übende und 3 zählende Kinder
Übungszeit:	15 sec an jeder Station
Wechselzeit:	30 sec
benötigte Geräte:	3 Turnbänke, 3 Gymnastikbälle, 1 kleiner Kasten und 6 Keulen (Pylone)

Hinweise zur Durchführung

- Die 4 Stationen werden auf Anweisung des Sportlehrers gemeinsam an den markierten Stellplätzen aufgebaut, wobei die 3 Turnbänke und die Keulen schnell aufgebaut sind. Die Gymnastikbälle werden in einem kleinen Kasten gelagert.
- Die hier vorgeschlagene Gerätanordnung muss evtl. auf die jeweiligen Bedingungen in der Sporthalle abgestimmt werden.
- Die Übungspaare verteilen sich an den 4 Stationen. An jeder Station können 3 Paare üben.
- An der Station 4 (= Hockwende) müssen sich die Übenden an der Bank so aufstellen, dass man sich beim Üben nicht behindert.
- Der Wechsel von Station zu Station erfolgt in der festgelegten Reihenfolge.
- Alle Übungen werden zu Beginn der Stunde kurz demonstriert, die Lehrkraft erklärt und gibt Hinweise zur richtigen Ausführung. Danach können die Kinder die Übungen kurz praktisch erproben.
- Der Beginn und das Ende der Übungszeit erfolgt durch ein Signal (Pfiff, Hupe, Tamburinschlag), die Kinder wechseln sofort zum nächsten Gerät und machen sich dort für die nächste Übung bereit.

2 Zirkeltraining für „Anfänger“ an 4 Stationen

1. Station: **Ballwurf gegen die Wand**

- Anwenden/Schulen der Grundtätigkeiten Werfen und Fangen
- Schulen/Verbessern koordinativer Fähigkeiten: Anpassungs-, Orientierungs-, Reaktions-, kinästhetische Differenzierungsfähigkeit

Stand auf der Turnbank – Abstand ca. 2-3 m von der Wand.
Den Ball so gegen die Wand werfen, dass du ihn danach wieder fangen kannst. Lege den Ball nach der Übung wieder in den kleinen Kasten.

Wertung: jeder gefangene Ball = 1 Punkt

2. Station: **Auf- und Abstützeln an der Turnbank**

- Anwenden/Schulen der Grundtätigkeit Stützen
- Kräftigen der Arm- und Schultermuskulatur

Liegestütz vorlings an der Bank, die Beine sind zusammen, der Körper ist fast gestreckt: Erst eine Hand auf die Bankfläche setzen, dann die andere. Anschließend wieder eine Hand auf den Boden führen, dann die andere usw.

Wertung: beide Hände auf der Sitzfläche der Turnbank = 1 Punkt

2 Zirkeltraining für „Anfänger“ an 4 Stationen

3. Station: **Anheben der Beine und Füße über die Keulen**

- Anwenden/Schulen der Grundtätigkeit Heben und Stützen
- Kräftigen der Bauch- und Armmuskulatur

Strecksitz mit fast gestreckten Beinen, die Füße befinden sich zwischen zwei Keulen. Beide Füße über die Keulen anheben und rechts und links außen neben den Keulen absetzen. Danach die Beine wieder in die Ausgangsstellung zurückführen.

Wertung: jedes Ablegen der Füße außen = 1 Punkt

4. Station: **Hockwende über die Turnbank**

- Anwenden/Schulen der Grundtätigkeiten Stützen und Springen
- Kräftigen der Arm-Schulter- und Bein-Sprungmuskulatur

Stand neben der Bank: kurzes auftaktartiges Hüpfen mit anschließender Hockwende über die Bank. Wieder kurzes Zwischenfedern und Hockwende zurück zum Ausgangspunkt usw.

Wertung: Jede Hockwende über die Bank = 1 Punkt

Wenn mit Kindern der 1. Klasse geübt wird, ist es empfehlenswert, die Übungen auf der Auswertungstabelle durch eine Abbildung darzustellen, um die Erkennung/Zuordnung auf einen Blick zu gewährleisten. Die Zahlen für die Wiederholungen können evtl. auch durch senkrechte Striche dargestellt werden.

Vor- und Zuname:		**Klasse:**			
Station	**Übung**	**Datum**	**Datum**	**Datum**	**Datum**
1					
2					
3					
4					
	Summe				

KOHL VERLAG
ZIRKELTRaiNING in der Grundschule – Bestell-Nr. 13 022

3 Zirkeltraining mit Handgeräten an 4 Stationen

– Koordinative Fähigkeiten – vielseitige Handgeräte – neue Übungen –

Grundsätzliche Vorüberlegungen zur Planung und Durchführung

- Das folgende Beispiel setzt vorwiegend Handgeräte ein, dadurch sind neue und interessante Übungen möglich.
- Vor Beginn des Übens finden sich Übungspaare zusammen: „Sucht euch einen Partner!"
- Die Paare bleiben während der gesamten Übungszeit zusammen, d. h. zunächst absolviert Kind a alle 4 Übungen, während Kind b kontrolliert und die Anzahl der Wiederholungen evtl. auf einem vorbereiteten Blatt notiert. Später erfolgt der Rollentausch: Kind b übt, während Kind a kontrolliert und notiert.
- Die Reihenfolge der Übungen wird durch die Anordnung der Geräte im Oval der Sporthalle für alle Kinder erkennbar und muss eingehalten werden.
- Zur Veranschaulichung der Übungen kann der Sportlehrer auch eine Abbildung in Größe DIN A4 an jeder Station auslegen.

Ziele:	• Schulen/Verbessern koordinativer Fähigkeiten: Anpassungs-, Antizipations-, Rhythmus-, Reaktions- und Orientierungsfähigkeit • Anwenden/Schulen der Grundtätigkeiten: Werfen, Fangen, Prellen, Balancieren • vielseitiger Umgang mit Handgeräten
geeignet für:	Kinder der zweiten und dritten Klasse acht- bis neunjährige Kinder
Anzahl der Stationen:	4
teilnehmende Kinder:	24 Kinder – an jeder Station insgesamt 6 Kinder = immer 3 übende und 3 zählende Kinder
Übungszeit:	20 sec an jeder Station
Wechselzeit:	30 sec
benötigte Geräte:	6 Gymnastikreifen aus Holz, 12 Pylone, 6 Gymnastikbälle, 3 Medizinbälle, 3 Gymnastikstäbe aus Holz, 1 kleiner Kasten

Hinweise zur Durchführung

- Die 4 Stationen werden auf Anweisung des Sportlehrers gemeinsam an den markierten Stellplätzen aufgebaut. Der Aufbau vollzieht sich meistens zügig und ohne großen Zeitaufwand.
- An der Station 1 werden die Gymnastikbälle in die Reifen gelegt und nach dem Üben auch dort wieder abgelegt.
- Beim Aufbau der Station 2 – Reifen auf Pylonen – hilft der Sportlehrer.
- An Station 3 werden die Medizin- und Gymnastikbälle in einem kleinen Kasten gelagert.
- Die Gymnastikstäbe an Station 4 werden an den vorgesehenen Stellen ausgelegt.
- Die Übungspaare verteilen sich an den 4 Stationen. An jeder Station können 3 Paare üben.
- Der Wechsel von Station zu Station erfolgt in der festgelegten Reihenfolge.
- Alle Übungen werden zu Beginn Stunde kurz demonstriert, die Lehrkraft erklärt und gibt Hinweise zur richtigen Ausführung. Danach können die Kinder die Übungen kurz praktisch erproben.

3 Zirkeltraining mit Handgeräten an 4 Stationen

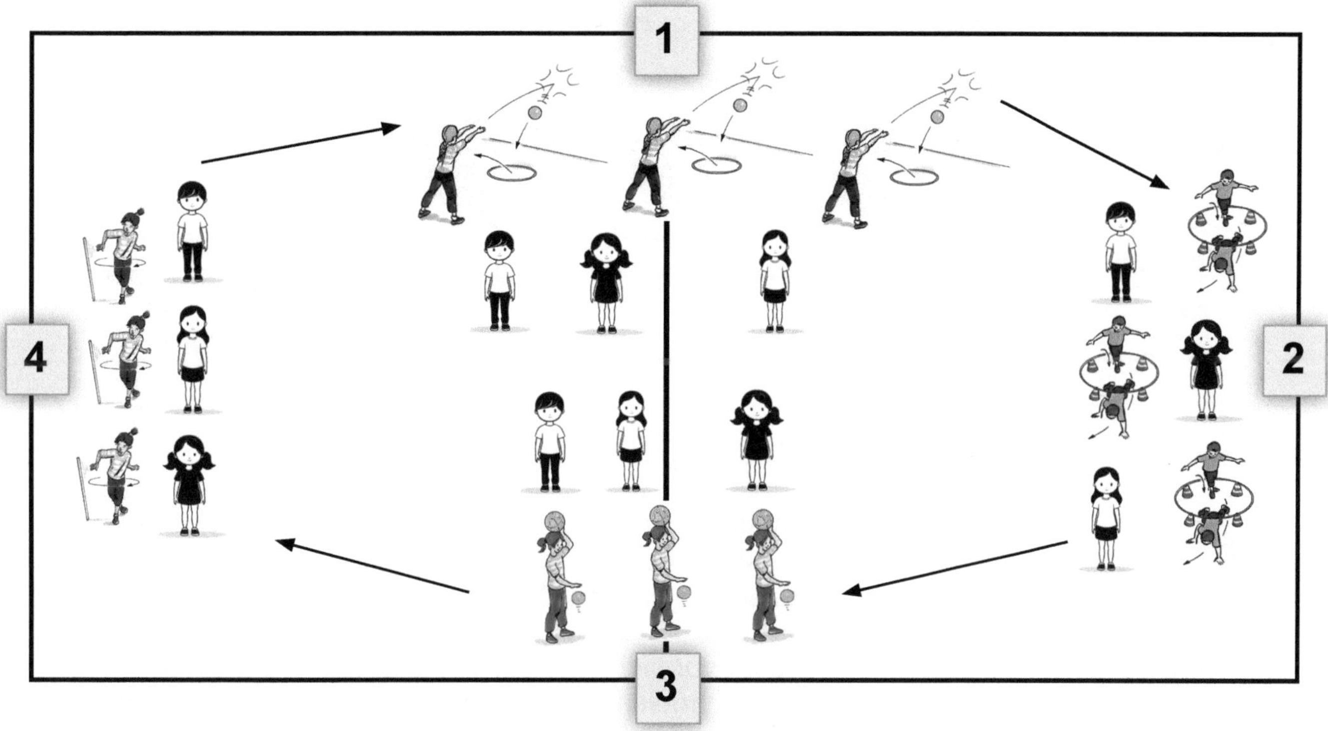

1. Station:

Ballwurf in den Reifen

- Anwenden/Schulen der Grundtätigkeiten Werfen und Fangen
- Schulen/Verbessern koordinativer Fähigkeiten: Anpassungs-, Reaktions-, Orientierungs-, Antizipationsfähigkeit

Den Ball so gegen die Wand werfen, dass er danach in einem mit Abstand zur Wand liegenden Reifen landet.

Wertung: jede Landung des Balles im Reifen = 1 Punkt

2. Station:

In den Reifen steigen/springen und danach darunter durchkrie-chen

- Anwenden/Schulen der Grundtätigkeiten Steigen/Springen
- Schulen/Verbessern koordinativer Fähigkeiten: Anpassungs-, Orientierungs-, Antizipationsfähigkeit

Auf 4 Markierungskegel wird ein Gymnastikreifen gelegt. In den Reifen steigen oder springen, sich ganz klein machen und anschließend darunter durchkriechen, ohne dass der Gymnastikreifen von den Markierungskegeln fällt.

Wertung: jedes Unterdurchkriechen ohne dass der Reifen runterfällt = 1 Punkt

ZIRKELTRaINING in der Grundschule – Bestell-Nr. 13 022
KOHL VERLAG

3 Zirkeltraining mit Handgeräten an 4 Stationen

3. Station: **Medizinball halten und Gymnastikball prellen**

- Anwenden/Schulen der Grundtätigkeiten Prellen und Balancieren
- Schulen/Verbessern koordinativer Fähigkeiten: Gleichgewichts-, Anpassungs-, Rhythmus-, Antizipationsfähigkeit

Mit einer Hand einen Medizinball auf dem Kopf im Gleichgewicht halten und gleichzeitig einen Gymnastikball mit der anderen Hand prellen.

Wertung: jeder „Preller“ des Balles auf den Boden = 1 Punkt

4. Station: **Stab nach der Drehung fassen/greifen**

- Anwenden/Schulen der Grundtätigkeiten Balancieren und Greifen
- Schulen/Verbessern koordinativer Fähigkeiten: Anpassungs-, Reaktions-, Gleichgewichts-, Orientierungs-, Antizipationsfähigkeit

Den Stab senkrecht vor sich hinstellen und mit einer Hand ausbalancieren. Loslassen, schnell eine ganze Drehung um sich selbst ausführen und den Stab möglichst wieder fassen, bevor er umfällt.

Wertung: jeder wieder gefasste Stab nach der Drehung = 1 Punkt

Die Übungen auf dem vorbereiten Blatt können durch eine Übungsbeschreibung oder durch eine Abbildung dargestellt werden. Hier wird die Abbildung zur Wiedererkennung der Übung bevorzugt.

Vor- und Zuname:		**Klasse:**			
Station	**Übung**	**Datum**	**Datum**	**Datum**	**Datum**
1					
2					
3					
4					
	Summe				

4 Verbessern von konditionellen und koordinativen Fähigkeiten an 6 Stationen

– Vielfältige Übungen – Hand- und Großgeräte – abwechslungsreiches Üben –

Grundsätzliche Vorüberlegungen zur Planung und Durchführung

- Dieses Beispiel spricht konditionelle und koordinative Fähigkeiten gleichermaßen an.
- Dieses Beispiel baut auf dem Rundgang 2 (Zirkeltraining für Anfänger) auf, erweitert aber die Anzahl der Stationen von 4 auf 6 und die Belastungszeit von 15 auf 20 sec.
- Die ausgewählten Übungen sind vielfältig, die Übenden müssen sich ständig den unterschiedlichen Bewegungsaufgaben anpassen.
- Es werden 1 Turnbank, 1 Reck, 6 Gymnastikbälle, 2 Kastenteile, 2 kleine Kästen und 2 Medizinbälle benötigt.
- Vor Beginn des Übens finden sich Übungspaare zusammen: „Sucht euch einen Partner!"
- Die Paare bleiben während der gesamten Übungszeit zusammen, d. h. zunächst absolviert Kind a alle 6 Übungen, während Kind b kontrolliert und die Anzahl der Wiederholungen evtl. auf einem vorbereiteten Blatt notiert. Später erfolgt der Rollentausch: Kind b übt, während Kind a kontrolliert und notiert.
- Die Reihenfolge der Übungen wird durch die Anordnung der Geräte im Oval der Sporthalle für alle Kinder erkennbar und muss eingehalten werden.

Ziele:	• Kräftigen der Hauptmuskelgruppen • Schulen/Verbessern koordinativer Fähigkeiten: Orientierungs-, Anpassungs-, Reaktions-, Gleichgewichts-, kinästhetische Differenzierungsfähigkeit • Anwenden/Schulen der Grundtätigkeiten: Stützen, Hängen, Werfen, Fangen
geeignet für:	Kinder der zweiten Klasse und dritten Klasse acht- bis neunjährige Kinder
Anzahl der Stationen:	6
teilnehmende Kinder:	24 Kinder – an jeder Station insgesamt 4 Kinder = immer 2 übende und 2 zählende Kinder
Übungszeit:	20 sec an jeder Station
Wechselzeit:	30 sec
benötigte Geräte:	1 Turnbank, 1 Reck, 6 Gymnastikbälle, 2 Kastenteile, 2 kleine Kästen und 2 Medizinbälle

Hinweise zur Durchführung

- Die einzelnen Stationen werden auf Anweisung des Sportlehrers nacheinander aufgebaut und evtl. zusätzlich durch nummerierte Pappschilder gekennzeichnet.
- Zuerst wird die Turnbank an der Station 1 bereitgestellt.
- Beim Aufbau des brust- bis kopfhohen Recks hilft der Sportlehrer selbst mit und überprüft die Sicherheit.
- Danach erfolgt der Aufbau der weiteren Stationen. 2 kleine Kästen sind schnell aufgebaut, die beiden Kastenteile hat der Sportlehrer schon vorher im Geräteraum ausgebaut und müssen nun nur noch von den Kindern herausgeholt werden. Die Gymnastik- und Medizinbälle werden an den Stationen 3-6 ausgelegt.
- An der Station 4 muss der Partner die Bälle aktiv annehmen und abgeben.
- Die Übungspaare verteilen sich an den 6 Stationen. An jeder Station können 2 Paare üben.
- Der Wechsel von Station zu Station erfolgt in der festgelegten Reihenfolge.
- Alle Übungen werden zu Beginn der Stunde kurz demonstriert, die Lehrkraft erklärt und gibt Hinweise zur richtigen Ausführung. Danach können die Kinder die Übungen kurz praktisch erproben.
- Der Beginn und das Ende der Übungszeit erfolgt durch ein Signal (Pfiff, Hupe, Tamburinschlag), die Kinder wechseln sofort zum nächsten Gerät und machen sich dort für die nächste Übung bereit.

KOHL VERLAG ZIRKELTRaINING in der Grundschule – Bestell-Nr. 13 022

4 Verbessern von konditionellen und koordinativen Fähigkeiten an 6 Stationen

1. Station: **Hockwende über die Turnbank**

- Anwenden/Schulen der Grundtätigkeiten Springen und Stützen
- Kräftigen der Arm-Schulter- und Bein-Sprungmuskulatur

Stand neben der Bank: kurzes auftaktartiges Hüpfen mit anschließender Hockwende über die Bank. Dann wieder kurzes Zwischenfedern und Hockwende zurück zum Ausgangspunkt usw.

Wertung: jede Hockwende über die Bank = 1 Punkt

2. Station: **Klimmzug im Hang**

- Anwenden/Schulen der Grundtätigkeiten Hängen und Ziehen
- Kräftigen der Arm-, Schulter- und Rumpfmuskulatur

Mit beiden Händen die Reckstange fassen und die Füße vorn aufsetzen, sodass der Körper in eine Schräglage kommt. Nun die Arme anziehen, sodass man über die Reckstange schauen kann. Danach die Arme wieder strecken und in die Ausgangslage zurückkommen.

Wertung: jedes über die Stange Schauen = 1 Punkt

4 Verbessern von konditionellen und koordinativen Fähigkeiten an 6 Stationen

3. Station: **Ballwurf unter dem angehobenen Bein**

- Anwenden/Schulen der Grundtätigkeiten Werfen und Fangen
- Schulen/Verbessern koordinativer Fähigkeiten: Anpassungs-, Reaktions-, Orientierungs-, Gleichgewichts-, Antizipationsfähigkeit

Den Ball unter dem angehobenen Bein nach oben werfen, danach das Bein schnell absetzen und den Ball wieder auffangen.

Wertung: jeder gefangene Ball = 1 Punkt

4. Station: **Ballübergabe mit den Füßen**

- Anwenden/Schulen der Grundtätigkeiten Heben und Tragen
- Kräftigen der Bauchmuskulatur
- Schulen/Verbessern koordinativer Fähigkeiten: Antizipations-, Anpassungs-, Orientierungsfähigkeit

Strecksitz, die Füße werden auf das seitgestellte Kastenteil geführt und nehmen dort mit den Füßen den vom Partner angereichten Ball an. Sofortiges Anhocken der Beine mit anschließendem Strecken in die Kastenteilöffnung, um dort den Ball dem Partner wieder zu übergeben. Dieser nimmt den Ball und reicht ihn danach wieder auf dem Kastenteil an.

Wertung: jede erfolgreiche Ballübergabe durch das Kastenteil = 1 Punkt

5. Station: **Ballwurf vom kleinen Kasten gegen die Wand**

- Anwenden/Schulen der Grundtätigkeiten Werfen und Fangen
- Schulen/Verbessern koordinativer Fähigkeiten: Antizipations-, Orientierungs-, Anpassungs-, Reaktions-, kinästhetische Differenzierungsfähigkeit

Stand auf dem kleinen Kasten – Abstand zur Wand ca. 2-3 m: Dann den Ball so gegen die Wand werfen, dass er ohne Probleme wieder gefangen werden kann

Wertung: jeder gefangene Ball = 1 Punkt

6. Station: **Den Ball weit nach rechts und nach links rollen**

- Anwenden/Schulen der Grundtätigkeiten Rollen und Schieben
- Schulen/Verbessern koordinativer Fähigkeiten: Antizipations-, Orientierungs-, Anpassungs-, kinästhetische Differenzierungsfähigkeit
- Kräftigen der Arm-, Schulter- und Rückenmuskulatur

In der Bauchlage den Oberkörper und die Arme leicht anheben: Nun den Medizinball mit fast gestreckten Armen über Kopf weit nach rechts und danach wieder weit nach links rollen/schieben. Den Blick dabei immer zum Boden richten – keine Hohlkreuzbildung.

Wertung: jedes Rollen des Balles zur anderen Seite = 1 Punkt

4 Verbessern von konditionellen und koordinativen Fähigkeiten an 6 Stationen

Wenn mit Kindern der 1./2. Klasse geübt wird, ist es empfehlenswert, die Übungen auf der Auswertungstabelle durch eine Abbildung darzustellen, um eine schnelle Erkennung/Zuordnung der Übung zu gewährleisten.

Vor- und Zuname:		Klasse:			
Station	Übung	Datum	Datum	Datum	Datum
1					
2					
3					
4					
5					
6					
	Summe				

5 Kräftigen der Hauptmuskelgruppen an 4 Stationen

– Muskuläre Belastung – Turngeräte alternativ nutzen – anspruchsvolle Übungen –

Grundsätzliche Vorüberlegungen zur Planung und Durchführung

- Das folgende Beispiel ist für Kinder/Schüler gedacht, die den Ablauf eines Zirkeltrainings kennen und sicher beherrschen.
- Für manche Kinder ist es neu, dass nun auch Turngeräte wie der Stützbarren eingesetzt werden.
- Für dieses Zirkeltraining werden 2 Turnbänke, 6 Turnmatten, 2 Stützbarren, 7 kleine Kästen, 3 Medizinbälle benötigt.
- Vor Beginn des Übens finden sich Übungspaare zusammen: „Sucht euch einen Partner!"
- Die Paare bleiben während der gesamten Übungszeit zusammen, d. h. zunächst absolviert Kind a alle 4 Übungen, während Kind b kontrolliert und die Anzahl der Wiederholungen evtl. auf einem vorbereiteten Blatt notiert. Später erfolgt der Rollentausch: Kind b übt und Kind a kontrolliert und notiert.
- Die Reihenfolge der Übungen ist durch die Anordnung der Geräte (Turnbänke) im Oval der Sporthalle für alle Kinder klar erkennbar und muss eingehalten werden.
- Die hier genannten Anmerkungen beruhen auf eigenen praktischen Unterrichtserfahrungen und müssen je nach Gruppe/Klasse evtl. „passend" gemacht werden.

Ziele:	• Kräftigen der Hauptmuskelgruppen • Anwenden/Schulen der Grundtätigkeiten: Hüpfen, Springen, Stoßen, Heben, Stützen, Schwingen
geeignet für:	Kinder der zweiten und dritten Klasse acht- bis neunjährige Kinder
Anzahl der Stationen:	4
teilnehmende Kinder:	24 Kinder – an jeder Station insgesamt 6 Kinder = immer 3 übende und 3 zählende Kinder
Übungszeit:	20 sec an jeder Station
Wechselzeit:	30 sec
benötigte Geräte:	2 Turnbänke, 6 Turnmatten, 2 Stützbarren, 7 kleine Kästen, 3 Medizinbälle (Basketbälle)

Hinweise zur Durchführung

- Die 4 Stationen werden auf Anweisung des Sportlehrers gemeinsam an den markierten Stellplätzen aufgebaut.
- Die Stützbarren sind niedrig eingestellt und werden gemeinsam mit dem Sportlehrer aus dem Geräteraum geholt. Vor Beginn des Übens werden die Stützbarren auf ihre Funktionsfähigkeit überprüft.
- Evtl. wird vor der Holmgasse am Stützbarren ein kleiner Kasten aufgestellt werden, um das Ausschwingen zu erleichtern. An jeder Seite des Barrens kann ein Kind üben.
- Die Turnbank an der Station 4 wird auf die Seite gekippt.
- Die Medizinbälle (Basketbälle) an der Station 4 werden in einem kleinen Kasten gelagert und nach dem Üben auch dort immer wieder abgelegt.
- Die Übungspaare verteilen sich an den 4 Stationen. An jeder Station können 3 Paare üben.
- Der Wechsel von Station zu Station erfolgt in der festgelegten Reihenfolge.
- Alle Übungen werden zu Beginn der Stunde kurz demonstriert, die Lehrkraft erklärt und gibt Hinweise zur richtigen Ausführung. Danach können die Kinder die Übungen kurz praktisch erproben.
- Der Beginn und das Ende der Übungszeit erfolgt durch ein Signal (Pfiff, Hupe, Tamburinschlag), die Kinder wechseln sofort zum nächsten Gerät und machen sich dort für die nächste Übung bereit.
- Die hier vorgeschlagene Gerätanordnung muss evtl. auf die jeweiligen Bedingungen in der Sporthalle abgestimmt werden.

5 Kräftigen der Hauptmuskelgruppen an 4 Stationen

1. Station: **Kehre am Stützbarren**

- Anwenden/Schulen der Grundtätigkeiten Stützen und Schwingen
- Kräftigen der Arm- und Schultermuskulatur

Stand auf dem kleinen Kasten: etwas vorgreifen und Sprung in den Stütz mit sofortigem Vorschwung und Kehre über den Holm.

Wertung: jede Kehre über den Holm = 1 Punkt

2. Station: **Schlusssprünge über die Turnbank**

- Anwenden/Schulen der Grundtätigkeiten Hüpfen und Springen
- Kräftigen der Sprung- und Beinmuskulatur

Aus dem Stand neben der Turnbank Schlusssprünge über die Bank auf die andere Seite. Kurzes Zwischenfedern und erneuter Schlusssprung über die Bank. Man kann auch erst auf die Sitzfläche der Bank und dann auf die andere Seite springen.

Wertung: jede Landung auf der anderen Seite = 1 Punkt

5 Kräftigen der Hauptmuskelgruppen an 4 Stationen

3. Station: **Aufsetzen der Füße auf die Kastenkante**

- Anwenden/Schulen der Grundtätigkeiten Heben und Stützen
- Kräftigen der Bauchmuskulatur

Sitz mit leicht gebeugten Knien zum kleinen Kasten, die Hände stützen seitlich ab: die Beine anheben und die Füße auf der Kastenkante (auf dem Kasten) absetzen. Danach die Füße wieder zum Boden führen und kurz absetzen.

Wertung: jedes Absetzen auf dem kleinen Kasten = 1 Punkt

4. Station: **Ballstoß gegen die Sitzfläche der Turnbank**

- Anwenden/Schulen der Grundtätigkeiten Stoßen und Schieben
- Kräftigen der Rückenmuskulatur

Bauchlage auf einer Matte, die Schultern schließen mit der Mattenkante ab: den Oberkörper leicht anheben und den Medizinball (Basketball) mit beiden Händen kräftig gegen die Bank stoßen, sodass er zu den Händen zurückkommt.

Wertung: jeder Stoß gegen die Sitzfläche der Turnbank = 1 Punkt

Die Übungen auf dem vorbereiten Blatt können durch eine Übungsbeschreibung oder durch eine Abbildung dargestellt werden. Hier wird die Abbildung zur Wiedererkennung der Übung bevorzugt.

Vor- und Zuname:		**Klasse:**			
Station	**Übung**	**Datum**	**Datum**	**Datum**	**Datum**
1					
2					
3					
4					
	Summe				

6 Verbessern koordinativer Fähigkeiten mit Bällen und Kastenteilen an 5 Stationen

– Situative Bedingungen – Bewegungshandlungen anpassen – Übungen mit Bällen –

Grundsätzliche Vorüberlegungen zur Planung und Durchführung

- Das folgende Beispiel schult/verbessert schwerpunktmäßig die koordinativen Fähigkeiten.
- Die ausgewählten Übungen sind vielfältig, die Übenden müssen sich ständig den unterschiedlichen Bewegungshandlungen anpassen.
- Es werden 3 Medizinbälle, 9 Gymnastikbälle, 3 Pylone, 3 Kastenteile, 3 Gymnastikreifen und 3 kleine Kästen benötigt.
- Auf dem Organisationsplan (Skizze mit den angeordneten Stationen) werden die Übungen nur einmal bildlich am entsprechenden Ort in der Sporthalle dargestellt. Auf die Darstellung der Partner wird verzichtet (siehe dazu die vorherigen Kapitel).
- Vor Beginn des Übens finden sich Übungspaare zusammen: „Sucht euch einen Partner!"
- Die Paare bleiben während der gesamten Übungszeit zusammen, d. h. zunächst absolviert Kind a alle 5 Übungen, während Kind b kontrolliert und die Anzahl der Wiederholungen evtl. auf einem vorbereiteten Blatt notiert. Später erfolgt der Rollentausch: *Kind b* übt und *Kind a* kontrolliert und notiert.
- Die Reihenfolge der Übungen ist durch die Anordnung der Geräte und die zusätzliche Kennzeichnung der Stationen durch die Nummerierung (Pappschilder) im Oval der Sporthalle für alle Kinder klar erkennbar und muss eingehalten werden.

Ziele:	• Schulen/Verbessern koordinativer Fähigkeiten: Anpassungs-, Orientierungs-, Reaktions-, Gleichgewichts-, kinästhetische Differenzierungsfähigkeit • Anwenden/Schulen der Grundtätigkeiten: Werfen, Fangen, Stützen, Heben, Tragen
geeignet für:	Kinder der dritten Klasse und vierten Klasse neun- bis zehnjährige Kinder
Anzahl der Stationen:	5
teilnehmende Kinder:	30 Kinder – an jeder Station insgesamt 6 Kinder = immer 3 übende und 3 zählende Kinder
Übungszeit:	30 sec an jeder Station
Wechselzeit:	30 sec
benötigte Geräte:	3 Medizinbälle, 9 Gymnastikbälle, 3 Pylone, 3 Kastenteile und 3 Gymnastikreifen, 3 kleine Kästen

Hinweise zur Durchführung

- Die Handgeräte werden nach Anweisung des Sportlehrers an den 5 markierten Stellplätzen ausgelegt.
- Die Bälle an den Stationen 1, 2 und 5 werden in kleinen Kästen gelagert und dort nach der Übung auch wieder abgelegt.
- Die Kastenteile für die Station 3 hat der Sportlehrer vorher im Geräteraum ausgebaut, sodass die Kinder sie nur herausholen und aufstellen müssen.
- Die Übungspaare verteilen sich an den 5 Stationen. An jeder Station können 3 Paare üben.
- Der Wechsel von Station zu Station erfolgt in der festgelegten Reihenfolge.
- Alle Übungen werden zu Beginn der Stunde kurz demonstriert, die Lehrkraft erklärt und gibt Hinweise zur richtigen Ausführung. Danach können die Kinder die Übungen kurz praktisch erproben.
- Der Beginn und das Ende der Übungszeit (30 sec) erfolgt durch ein Signal (Pfiff, Hupe, Tamburinschlag), die Kinder wechseln sofort zum nächsten Gerät und machen sich dort für die nächste Übung bereit.

6 Verbessern koordinativer Fähigkeiten mit Bällen und Kastenteilen an 5 Stationen

1. Station: **Ball mit der Pylone auffangen**

- Anwenden/Schulen der Grundtätigkeiten Werfen, Fangen
- Schulen/Verbessern koordinativer Fähigkeiten: Anpassungs-, Orientierungs-, Reaktions-, Gleichgewichts-, Antizipationsfähigkeit

Den Ball mit der rechten Hand auf den Boden werfen/prellen und sofort danach die in der linken Hand gehaltene Pylone in die rechte Hand übergeben, damit das Auffangen des Balles in der Pylone gelingen kann.

Wertung: jeder mit der Pylone gefangene Ball = 1 Punkt

2. Station: **Ball im Liegestütz hochwerfen und mit der anderen Hand fangen**

- Anwenden/Schulen der Grundtätigkeiten Werfen, Fangen und Stützen
- Schulen/Verbessern koordinativer Fähigkeiten: Anpassungs-, Orientierungs-, Reaktions-, Gleichgewichts-, Antizipationsfähigkeit
- Kräftigen der Rumpfmuskulatur

Liegestütz vorlings mit geschlossenen Füßen: Dann den Gymnastikball mit einer Hand hochwerfen und mit der anderen Hand fangen.

Wertung: jeder gefangene Ball = 1 Punkt

KOHL VERLAG ZIRKELTRAINING in der Grundschule – Bestell-Nr. 13 022

6 Verbessern koordinativer Fähigkeiten mit Bällen und Kastenteilen an 5 Stationen

3. Station: **Überspringen mit Durchkriechen eines Kastenteils**

- Anwenden/Schulen der Grundtätigkeiten Springen und Kriechen
- Schulen/Verbessern koordinativer Fähigkeiten: Orientierungs-, Anpassungs-, Antizipations-, kinästhetische Differenzierungsfähigkeit

Überspringen des hochkant stehenden Kastenteils mit anschließendem Durchkriechen.

Wertung: jedes Durchkriechen des Kastenteils = 1 Punkt

4. Station: **Ballwurf aus dem Sitz gegen die Wand**

- Anwenden/Schulen der Grundtätigkeiten Werfen und Fangen
- Schulen/Verbessern koordinativer Fähigkeiten: Anpassungs-, Reaktions-, Antizipations-, kinästhetische Differenzierungsfähigkeit
- Kräftigen der Arm-, Schulter- und Rumpfmuskulatur

Leichter Grätschsitz im Gymnastikreifen – Abstand ca. 2-3 m zur Wand: Druckwurf mit dem Gymnastikball gegen die Wand und Auffangen des zurückspringenden Balles.

Wertung: jeder gefangene Ball = 1 Punkt

5. Station: **Brücke mit Durchreichen des Balles**

- Anwenden/Schulen der Grundtätigkeiten Heben und Stützen
- Schulen/Verbessern koordinativer Fähigkeiten: Anpassungs-, Reaktions-, Gleichgewichts-, Antizipationsfähigkeit
- Kräftigen der Rückenmuskulatur

Rückenlage mit angebeugten Beinen und aufgesetzten Füßen. Anheben des Rückens in die Nackenbrücke: Den Ball von der rechten Hand unter der Brücke hindurchreichen zur linken Hand. Dort den Ball annehmen und wieder zurückreichen zur rechten Hand usw.

Wertung: jede erfolgreiche Ballannahme = 1 Punkt

Die Übungen auf dem vorbereiteten Blatt können durch eine Übungsbeschreibung oder durch eine Abbildung dargestellt werden. Hier wird der Text zur Wiedererkennung der Übung bevorzugt.

Vor- und Zuname:		**Klasse:**			
Station	**Übung**	**Datum**	**Datum**	**Datum**	**Datum**
1	*Ball mit der Pylone auffangen*				
2	*Ball im Liegestütz hochwerfen und mit der anderen Hand fangen*				
3	*Überspringen mit Durchkriechen eines Kastenteils*				
4	*Ballwurf aus dem Sitz gegen die Wand*				
5	*Brücke mit Durchreichen des Balles*				
	Summe				

7 Partnerübungen zum Verbessern von koordinativen Fähigkeiten an 5 Stationen

– Bälle zuspielen/annehmen – sich den Bedingungen anpassen – schnell reagieren –

Grundsätzliche Vorüberlegungen zur Planung und Durchführung

- Bei diesem Beispiel stehen spielerische Elemente im Vordergrund.
- Nur gemeinsam mit einem Partner können die Übungen ausgeführt werden. Erfahrungsgemäß kommen diese Übungen bei Kindern gut an – es macht einfach mehr Spaß.
- Der Sportlehrer weist zu Beginn der Stunde noch einmal darauf hin, dass man Punkte nur dann erringen kann, wenn man die Übung korrekt und gemeinsam mit dem Partner ausführt.
- Es werden 3 kleine Kästen, 12 Gymnastikbälle, 3 alte Handtücher, 6 Gymnastikstäbe (möglichst aus Holz) benötigt.
- Vor Beginn des Übens finden sich Übungspaare zusammen: „Sucht euch einen Partner!" Bei diesem besonderen Durchlauf/Programm sollten sich in etwa gleichgroße und leistungsmäßig gleiche Partner zusammenfinden.
- Jeder Partner zählt selbst seine erfolgreichen Wiederholungen und notiert sie evtl. in der Wechselpause auf dem vorbereiteten Blatt.
- Bei diesem Beispiel ist es besonders wichtig, die Reihenfolge der Stationen durch nummerierte Pappschilder zu kennzeichnen.
- Die Reihenfolge der Übungen wird durch das Auslegen der Handgeräte und die zusätzliche Kennzeichnung der Stationen durch die Nummerierung mit Pappschildern im Oval der Sporthalle für alle Kinder klar erkennbar und muss eingehalten werden.

Ziele:	• Schulen/Verbessern koordinativer Fähigkeiten: Anpassungs-, Orientierungs-, Reaktions-, Gleichgewichts-, kinästhetische Differenzierungsfähigkeit • Anwenden/Schulen der Grundtätigkeiten: Prellen, Werfen, Fangen
geeignet für:	Kinder der zweiten und dritten Klasse acht- bis neunjährige Kinder
Anzahl der Stationen:	5
teilnehmende Kinder:	30 Kinder – an jeder Station 6 Kinder = alle 6 Kinder üben und müssen selbst zählen
Übungszeit:	30 sec an jeder Station
Wechselzeit:	30 sec
benötigte Geräte:	3 kleine Kästen, 12 Gymnastikbälle, 3 alte Handtücher, 6 Gymnastikstäbe (möglichst aus Holz)

Hinweise zur Durchführung

- Dieser Rundgang mit seinen 5 Stationen ist aufgrund des geringen Materialaufwandes schnell organisiert.
- Für die Station 1 werden 3 kleine Kästen benötigt, die von den Kindern auf Anweisung des Sportlehrers an die markierte Stelle gebracht werden und dort nebeneinander mit etwas Abstand aufgebaut werden. An allen anderen Stationen (2-5) werden die Handgeräte ausgelegt. Es hat sich bewährt, die Stationen durch Pylone oder Pappschilder zu kennzeichnen.
- Die Gymnastikbälle an den Stationen 1, 2, 4 und 5 werden in ausgelegten Reifen oder in umgedrehten kleinen Kästen gelagert und werden dort nach der Übung wieder abgelegt.
- Die Übungspaare verteilen sich an den 5 Stationen. An jeder Station können 3 Paare üben.
- Sollte ein Ball beim Üben mal wegspringen, muss er sofort zurückgeholt werden, damit das Üben an der Station fortgesetzt werden kann.
- Der Beginn und das Ende der Übungszeit (30 sec) erfolgt durch ein Signal (Pfiff, Hupe, Tamburinschlag), die Kinder wechseln sofort zum nächsten Gerät und machen sich dort für die nächste Übung bereit.
- Jedes Kind zählt seine Punkte selbst und trägt die Anzahl der Wiederholungen evtl. auf seinem vorbereiteten Blatt ein.

7 Partnerübungen zum Verbessern von koordinativen Fähigkeiten an 5 Stationen

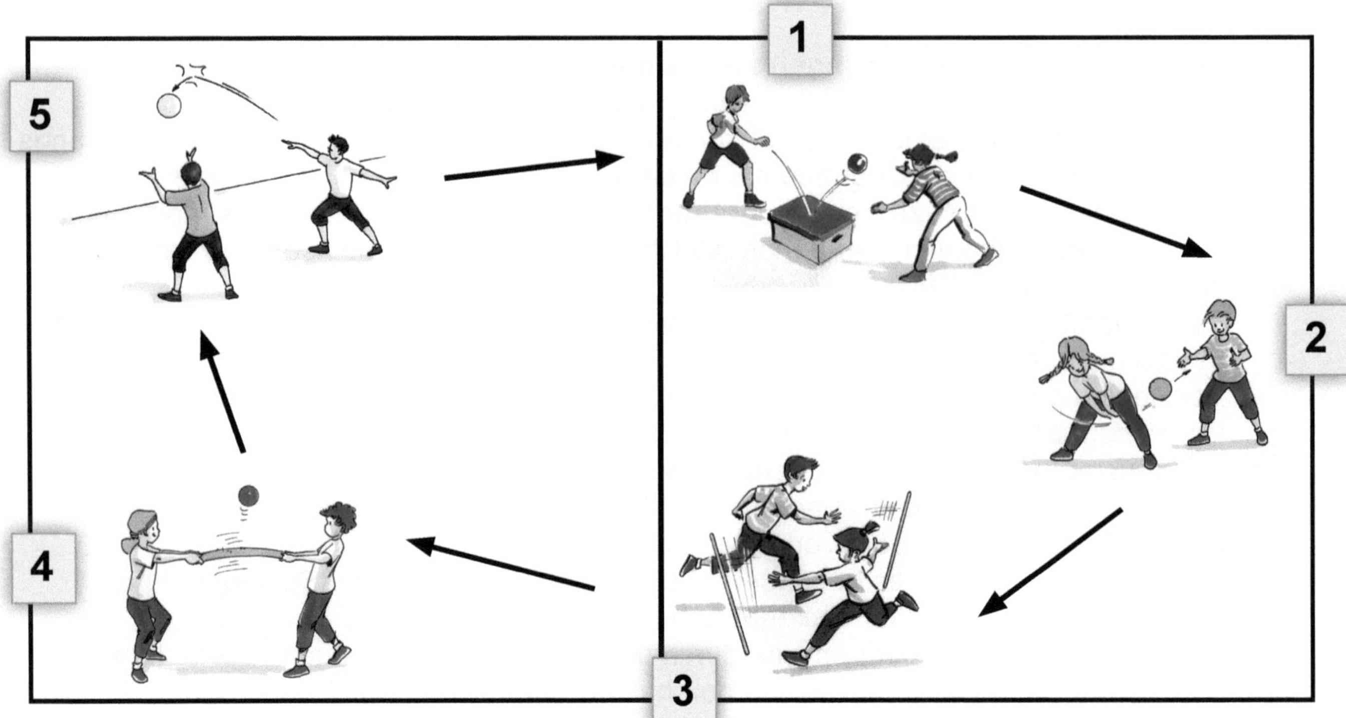

1. Station: **Wurf auf den kleinen Kasten**

- Anwenden/Schulen der Grundtätigkeiten Werfen und Fangen
- Verbessern koordinativer Fähigkeiten: Anpassungs-, Orientierungs-, Antizipations-, kinästhetische Differenzierungsfähigkeit

Man steht zu zweit gegenüber: den Ball so auf die Oberfläche des kleinen Kastens werfen/prellen, dass der Partner den Ball fangen kann.

Wertung: jeder gefangene Ball = 1 Punkt

2. Station: **Ballwurf rückwärts durch die gegrätschten Beine**

- Anwenden/Schulen der Grundtätigkeiten Werfen und Fangen
- Verbessern koordinativer Fähigkeiten: Anpassungs-, Orientierungs-, Antizipations-, Reaktions-, kinästhetische Differenzierungsfähigkeit

Man steht zu zweit hintereinander – Abstand ca. 2-3 m: *Kind a* wirft den Ball so rückwärts durch seine gegrätschten Beine zu *Kind b*, dass Kind b den Ball möglichst fangen kann. Danach führen beide Kinder eine halbe Drehung aus, sodass nun Kind b durch seine gegrätschten Beine werfen kann.

Wertung: jeder gefangene Ball = 1 Punkt

7

Partnerübungen zum Verbessern von koordinativen Fähigkeiten an 5 Stationen

3. Station: **Lauf zum Stab und Greifen des Stabs**

- Anwenden/Schulen der Grundtätigkeiten Laufen und Greifen
- Verbessern koordinativer Fähigkeiten: Reaktions-, Gleichgewichts-, Anpassungs-, Orientierungs-, Antizipationsfähigkeit

Man steht zu zweit gegenüber – Abstand ca. 2 m. Jedes Kind steht rechtsseitig neben seinem Stab und hält ihn mit der rechten Hand fest, sodass er senkrecht steht. Ein Kind gibt das Kommando: „Und los!“ Den Stab loslassen und zum Stab des Partners laufen und versuchen, ihn zu greifen, bevor er auf den Boden fällt.

Wertung: jeder vor dem Umfallen gefasste Stab = 1 Punkt

4. Station: **Ball bis in Kopfhöhe hochwerfen und auffangen**

- Anwenden/Schulen der Grundtätigkeiten Werfen und Fangen
- Verbessern koordinativer Fähigkeiten: Antizipations-, Orientierungs-, Reaktions-, Gleichgewichts-, Anpassungs-, kinästhetische Differenzierungsfähigkeit

Das Handtuch rechts und links an den Ecken fassen und den Ball bis in Kopfhöhe hochwerfen und danach wieder auffangen.

Wertung: jeder mit dem Handtuch aufgefangene Ball = 1 Punkt

5. Station: **Ball schräg-hoch gegen die Wand werfen**

- Anwenden/Schulen der Grundtätigkeiten Werfen und Fangen
- Verbessern koordinativer Fähigkeiten: Orientierungs-, kinästhetische Differenzierungs-, Antizipations-, Reaktions-, Anpassungsfähigkeit

Die beiden Kinder stehen mit 2-3 m Abstand zur Wand nebeneinander: *Kind a* wirft den Ball so schräg-hoch gegen die Wand, dass *Kind b* ihn fangen kann. Danach wirft *Kind b* den Ball genauso schräg-hoch gegen die Wand, dass ihn *Kind a* fangen kann usw.

Wertung: jeder gefangene Ball = 1 Punkt

Die Übungen auf dem vorbereiteten Blatt können durch eine Übungsbeschreibung oder durch eine Abbildung dargestellt werden. Hier wird der Text zur Wiedererkennung der Übung bevorzugt.

Vor- und Zuname:		Klasse:			
Station	**Übung**	**Datum**	**Datum**	**Datum**	**Datum**
1	*Wurf auf den kleinen Kasten*				
2	*Ballwurf rückwärts durch die gegrätschten Beine*				
3	*Lauf zum Stab und Greifen des Stabs*				
4	*Ball bis in Kopfhöhe hochwerfen und auffangen*				
5	*Ball schräg-hoch gegen die Wand werfen*				
	Summe				

8 Partnerübungen zum Kräftigen der Hauptmuskelgruppen an 5 Stationen

– Zu zweit macht es mehr Spaß – Aufgaben gemeinsam lösen – Partneranpassung –

Grundsätzliche Vorüberlegungen zur Planung und Durchführung

- Das folgende Beispiel zeigt, wie gemeinsam mit einem Partner die gestellte Aufgabe gelöst werden kann. Bei Kindern kommen diese Partnerübungen meistens gut an – es macht mehr Spaß.
- Der Sportlehrer weist zu Beginn der Stunde noch einmal darauf hin, dass man Punkte nur dann erringen kann, wenn man die Übung korrekt und gemeinsam mit dem Partner ausführt.
- Es werden 3 kleine Kästen, 3 Medizinbälle, 3 Sprungseile und 6 Turnmatten benötigt.
- Vor Beginn des Übens finden sich Übungspaare zusammen: „Sucht euch einen Partner!" Bei diesem besonderen Durchlauf/Programm sollten sich in etwa gleichgroße und leistungsmäßig gleiche Partner zusammenfinden.
- Jeder Partner zählt selbst seine erfolgreichen Wiederholungen und notiert sie evtl. in der Wechselpause auf dem vorbereiten Blatt.
- Die Reihenfolge der Übungen wird durch das Auslegen der Handgeräte und die zusätzliche Kennzeichnung der Stationen durch die Nummerierung mit Pappschildern im Oval der Sporthalle für alle Kinder klar erkennbar und muss eingehalten werden.

Ziele:	• Kräftigen der Hauptmuskelgruppen • Anwenden/Schulen der Grundtätigkeiten: Heben, Beugen, Stoßen, Springen, Stützen • Schulen/Verbessern koordinativer Fähigkeiten: Anpassungs-, Reaktions-, Orientierungsfähigkeit
geeignet für:	Kinder der zweiten und dritten Klasse acht- bis neunjährige Kinder
Anzahl der Stationen:	5
teilnehmende Kinder:	30 Kinder – an jeder Station 6 Kinder = alle 6 Kinder üben und müssen selbst zählen
Übungszeit:	30 sec an jeder Station
Wechselzeit:	30 sec
benötigte Geräte:	3 kleine Kästen, 3 Medizinbälle (Basketbälle), 3 Sprungseile, 6 Turnmatten

Hinweise zur Durchführung

- Dieser Rundgang ist aufgrund der ausgewählten Übungen schnell organisiert.
- Die benötigten Geräte wie kleine Kästen, Turnmatten und Sprungseile werden nach Anweisung des Sportlehrers an den markierten Stellplätzen ausgelegt.
- Die einzelnen Stationen werden zusätzlich durch nummerierte Pappschilder gekennzeichnet.
- Größere Aufbauten ergeben sich nur an den Stationen 1 und 3.
- Die kleinen Kästen an der Station 1 werden nebeneinander mit etwas Abstand aufgebaut. Die Turnmatten an der Station 3 werden im Abstand von ca. 3-5 m gegenüber ausgelegt. Die Bälle liegen auf den Turnmatten und werden dort nach Ausführung der Übung auch wieder abgelegt.
- Die Übungspaare verteilen sich an den 5 Stationen. An jeder Station können 3 Paare üben.
- Der Wechsel von Station zu Station erfolgt in der festgelegten Reihenfolge.
- Alle Übungen werden zu Beginn der Stunde kurz demonstriert, die Lehrkraft erklärt und gibt Hinweise zur richtigen Ausführung. Danach können die Kinder die Übungen kurz praktisch erproben.
- Der Beginn und das Ende der Übungszeit (30 sec) erfolgt durch ein Signal (Pfiff, Hupe, Tamburinschlag), die Kinder wechseln sofort zum nächsten Gerät und machen sich dort für die nächste Übung bereit.
- Jedes Kind zählt seine Punkte selbst und trägt die Anzahl der Wiederholungen evtl. auf seinem vorbereiteten Blatt ein.

8 Partnerübungen zum Kräftigen der Hauptmuskelgruppen an 5 Stationen

1. Station: **Ballübergabe beim Vorbeugen**

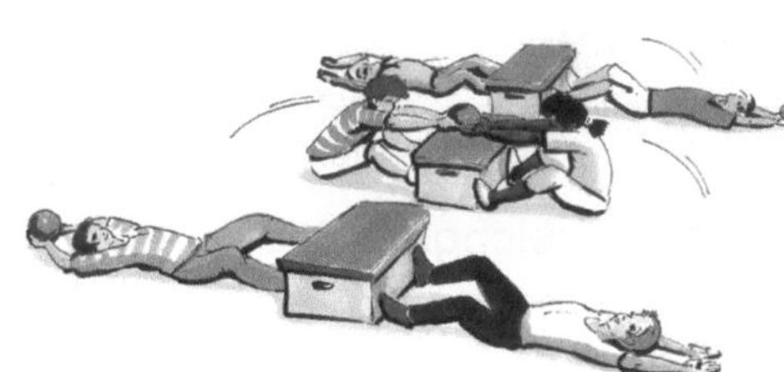

- Anwenden/Schulen der Grundtätigkeiten Heben und Ball halten
- Kräftigen der Bauchmuskulatur

Beide Kinder sitzen im leichten Grätschsitz mit den Füßen am kleinen Kasten gegenüber. *Kind a* hat den Ball in den Händen, geht damit in die Rückenlage (während *Kind b* sich ohne Ball auf den Rücken legt), beugt sich wieder vor und übergibt ihn auf der Oberfläche des kleinen Kastens an *Kind b*, das den Ball ergreift und damit in die Rückenlage geht, usw.

Wertung: jede gelungene Ballübergabe = 1 Punkt

2. Station: **Kniebeuge bis zur Waagerechten der Oberschenkel**

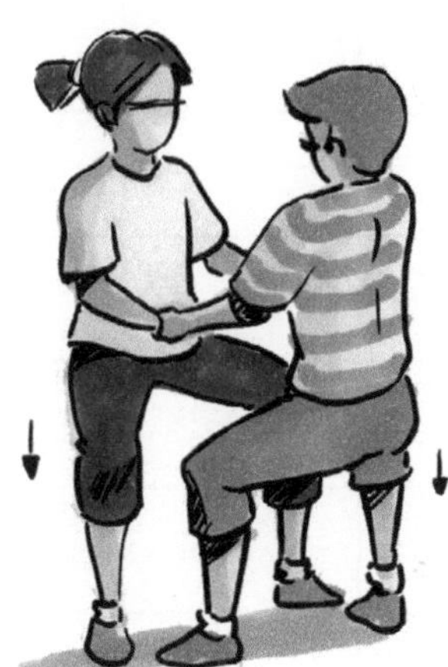

- Kräftigen der Beinmuskulatur

Beide Kinder stehen sich im leichten Grätschstand gegenüber und fassen sich an den Händen. Gemeinsam die Knie beugen, bis die Oberschenkel die Waagerechte erreicht haben. Einen Moment in dieser Position bleiben und dann wieder in die Ausgangsstellung zurückkommen.
Diese Übung langsam und korrekt ausführen.

Wertung: jedes Erreichen der Waagerechten durch die Oberschenkel = 1 Punkt

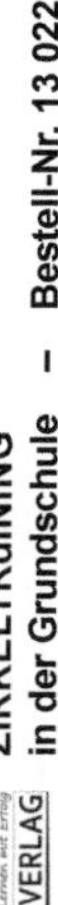

8 Partnerübungen zum Kräftigen der Hauptmuskelgruppen an 5 Stationen

3. Station: **Ballstoß zum Partner**

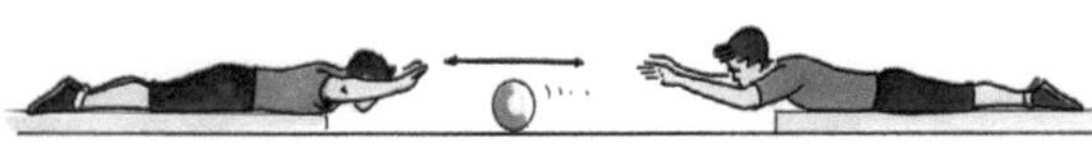

- Anwenden/Schulen der Grundtätigkeiten Schieben und Stoßen
- Kräftigen der Rückenmuskulatur

In Bauchlage auf einer Matte gegenüber (Abstand ca. 2-3 m), die Schultern schließen mit der Mattenkante ab. Kind a hebt den Oberkörper mit leicht gebeugten Armen vom Boden ab und stößt den Medizinball mit beiden Händen kräftig von sich weg zum Partner. Kind b nimmt den Ball an, hebt Oberkörper und Ellenbogen vom Boden ab und stößt ihn zum Partner zurück.

Wertung: jeder angenommene Ball = 1 Punkt

4. Station: **Seilspringen nebeneinander gleichzeitig**

- Anwenden/Schulen der Grundtätigkeit Springen
- Kräftigen der Beinmuskulatur
- Schulen/Verbessern koordinativer Fähigkeiten: Rhythmus-, Anpassungs-, Orientierungsfähigkeit

Zu zweit nebeneinander mit einem Seil: Jedes Kind hat ein Ende des Seils in der Hand: gemeinsam Seil springen.

Wertung: jeder gelungene Seildurchschlag zusammen = 1 Punkt

5. Station: **Hand und Unterarm zusammenführen**

- Anwenden /Schulen der Grundtätigkeiten Stützen
- Kräftigen der Arm- und Schultermuskulatur
- Schulen/Verbessern koordinativer Fähigkeiten: Gleichgewichts-, Anpassungs-, Orientierungsfähigkeit

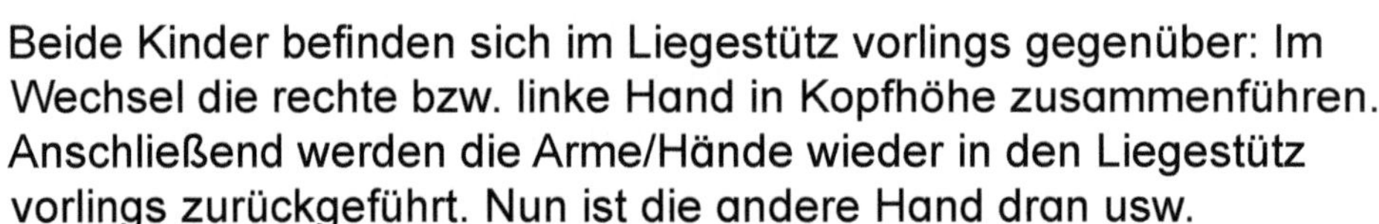

Beide Kinder befinden sich im Liegestütz vorlings gegenüber: Im Wechsel die rechte bzw. linke Hand in Kopfhöhe zusammenführen. Anschließend werden die Arme/Hände wieder in den Liegestütz vorlings zurückgeführt. Nun ist die andere Hand dran usw.

Wertung: jede erfolgreiche Hand-/Unterarmberührung = 1 Punkt

Vor- und Zuname:		**Klasse:**			
Station	**Übung**	**Datum**	**Datum**	**Datum**	**Datum**
1	*Ballübergabe beim Vorbeugen*				
2	*Kniebeuge bis zur Waagerechten der Oberschenkel*				
3	*Ballstoß zum Partner*				
4	*Seilspringen nebeneinander gleichzeitig*				
5	*Hand und Unterarm zusammenführen*				
	Summe				

9 Hauptmuskelgruppen kräftigen mit vielseitigen Übungen an 6 Stationen

– Turngeräte vielseitig nutzen – anspruchsvolle Übungen – erhöhte Anforderungen –

Grundsätzliche Vorüberlegungen zur Planung und Durchführung

- Das folgende Beispiel ist für Kinder gedacht, die den Ablauf eines Zirkeltrainings sicher beherrschen und nun erhöhte Anforderungen kennenlernen.
- Es sind 6 Stationen mit recht unterschiedlichen Aufgaben zu bewältigen, die Belastungszeit beträgt 30 sec.
- Es werden 2 Turnbänke, 2 Turnmatten, 1-2 Recke, 1 Kastendeckel, 4 kleine Kästen und 2 Medizinbälle (Basketbälle) benötigt.
- Vor Beginn des Übens finden sich Übungspaare zusammen: „Sucht euch einen Partner!"
- Die Paare bleiben während der gesamten Übungszeit zusammen, d. h. zunächst absolviert *Kind a* alle 6 Übungen, während *Kind b* kontrolliert und die Anzahl der Wiederholungen evtl. auf einem vorbereiteten Blatt notiert. Später erfolgt der Rollentausch: *Kind b* übt und *Kind a* kontrolliert und notiert.
- Die Reihenfolge der Übungen ist durch die Anordnung der Geräte (Turnbänke – dann Recke – dann Kastendeckel usw.) im Oval der Sporthalle für alle Kinder klar erkennbar und muss eingehalten werden.

Ziele:	• Kräftigen der Hauptmuskelgruppen • Schulen/Verbessern koordinativer Fähigkeiten: Anpassungs-, Orientierungs-, Reaktions-, Gleichgewichtsfähigkeit • Anwenden/Schulen der Grundtätigkeiten: Hüpfen, Springen, Stützen, Stoßen, Heben
geeignet für:	Kinder der dritten und vierten Klasse neun- bis zehnjährige Kinder
Anzahl der Stationen:	6
teilnehmende Kinder:	24 Kinder – an jeder Station insgesamt 4 Kinder = immer 2 übende und 2 zählende Kinder
Übungszeit:	30 sec an jeder Station
Wechselzeit:	30 sec
benötigte Geräte:	2 Turnbänke, 2 Turnmatten, 1-2 Recke, 1 Kastendeckel, 4 kleine Kästen, 2 Medizinbälle (Basketbälle)

Hinweise zur Durchführung

- Die einzelnen Stationen werden auf Anweisung des Sportlehrers nacheinander aufgebaut und evtl. zusätzlich durch nummerierte Pappschilder gekennzeichnet.
- Es hat sich bewährt, das Aufstellen der Stationen zunächst mit der Station 2 „Recke" zu beginnen, da hier der Sportlehrer beim Aufbau des brust- bis kopfhohen Recks aktiv mithelfen und die Sicherheit anschließend überprüfen muss.
- Der Kastendeckel (Station 3) und die kleinen Kästen (Station 4 und 6) werden von den Kindern aus dem Geräteraum geholt und an die vorgesehenen Stellplätze gebracht.
- Die Turnbänke für die Stationen 1 und 5 sind schnell an die entsprechenden Orte gebracht. Die beiden Turnmatten für die Station 5 werden mit einem Abstand von ca. 2-3 m zur Bank ausgelegt. Die Turnbank wird seitlich gekippt, damit die Sitzfläche zu den Matten zeigt. Die beiden Medizinbälle werden auf die Matten gelegt und nach dem Üben auch dort wieder abgelegt.
- Die Übungspaare verteilen sich an den 6 Stationen. An jeder Station können 2 Paare üben.
- Der Beginn und das Ende der Übungszeit (30 sec) erfolgt durch ein Signal (Pfiff, Hupe, Tamburinschlag), die Kinder wechseln sofort zum nächsten Gerät und machen sich dort für die nächste Übung bereit.

9 Hauptmuskelgruppen kräftigen mit vielseitigen Übungen an 6 Stationen

1. Station:

Aus dem Grätschstand über der Bank Schlusssprung auf die Bank

– Anwenden/Schulen der Grundtätigkeiten Hüpfen und Springen
– Kräftigen der Bein-/Sprungmuskulatur

Aus dem Grätschstand über der Turnbank mit kräftigem Armeinsatz Schlusssprung auf die Sitzfläche der Bank. Danach wieder in den Grätschstand springen usw.

Wertung: jeder Schlusssprung auf die Sitzfläche der Turnbank = 1 Punkt

2. Station:

Sprung in den Stütz am Reck

– Anwenden/Schulen der Grundtätigkeiten Springen und Stützen
– Kräftigen der Arm-, Schulter- und Rumpfmuskulatur

In den Stütz am brust- oder schulterhohen Reck springen. Den Oberkörper kurz aufrichten und dann wieder in die Ausgangsstellung zurückspringen.

Wertung: jedes über die Stange Schauen = 1 Punkt

3. Station:

Im Sitz Beine über den Kastendeckel heben

– Anwenden/Schulen der Grundtätigkeiten Stützen und Heben
– Kräftigen der Bauch-, Bein- und Armmuskulatur

Im Strecksitz, die Hände stützen seitlich neben dem Körper ab: Die fast gestreckten Beine über den Kastendeckel heben und kurz auf der anderen Seite ablegen, dann wieder in die Ausgangsstellung zurück.

Wertung: jedes kurze Ablegen der Füße neben dem Kasten = 1 Punkt

9 Hauptmuskelgruppen kräftigen mit vielseitigen Übungen an 6 Stationen

4. Station: **Im Liegestütz rücklings Beugen und Strecken der Arme**

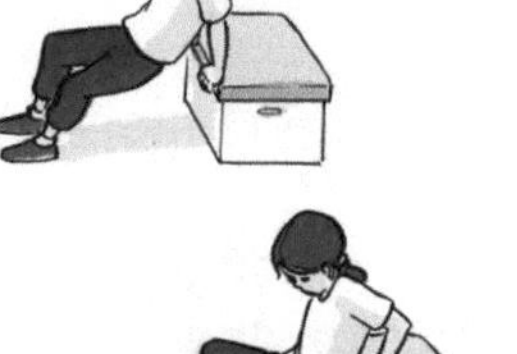

- Anwenden/Schulen der Grundtätigkeiten Stützen und Heben
- Kräftigen der Arm-, Schulter- und Rumpfmuskulatur

Liegestütz rücklings am kleinen Kasten, die Knie sind leicht gebeugt. Die Hände stützen sich an der Kante des kleinen Kastens ab: Die Arme beugen und das Gesäß absenken, bis es deutlich tiefer als die Kastenoberfläche ist. Anschließend die Arme wieder strecken und in die Ausgangsstellung zurückkommen.

Wertung: jedes Absenken unter die Kastenoberfläche = 1 Punkt

5. Station: **Ball gegen die Turnbank stoßen**

- Anwenden/Schulen der Grundtätigkeiten Stoßen und Schieben
- Kräftigen der Rücken- und Rumpfmuskulatur

Bauchlage auf einer Matte (Abstand ca. 2-3 m von der Bank), die Schultern schließen mit der Mattenkante ab. Den Medizinball (Basketball) kräftig von sich wegstoßen, sodass er gegen die umgekippte Sitzfläche der Turnbank rollt und anschließend wieder zum Ausgangspunkt zurückkommt.

Wertung: jede Bankberührung des Balles = 1 Punkt

6. Station: **Auf- und Abstützen am kleinen Kasten**

- Anwenden/Schulen der Grundtätigkeiten Stützen und Körperspannung halten
- Kräftigen der Arm-, Schulter- und Rumpfmuskulatur

Liegestütz vorlings: mit den Händen auf- und abstützen. Erst die rechte Hand auf den kleinen Kasten, danach sofort die linke. Anschließend wieder die rechte Hand auf den Boden führen und danach die linke Hand.

Wertung: beide Hände auf dem kleinen Kasten = 1 Punkt

Vor- und Zuname:		**Klasse:**			
Station	**Übung**	**Datum**	**Datum**	**Datum**	**Datum**
1	*Aus dem Grätschstand über der Bank Schlusssprung auf die Bank*				
2	*Sprung in den Stütz am Reck*				
3	*Im Sitz Beine über den Kastendeckel heben*				
4	*Im Liegestütz rücklings Beugen und Strecken der Arme*				
5	*Ball gegen die Turnbank stoßen*				
6	*Auf- und Abstützen am kleinen Kasten*				
	Summe				

KOHL VERLAG Lernen mit Erfolg
ZIRKELTRaINING in der Grundschule – Bestell-Nr. 13 022

10 Verbessern koordinativer Fähigkeiten mit Handgeräten an 5 Stationen

– Spielerische Übungen – vielseitige Handgeräte – motivierende Aufgaben –

Grundsätzliche Vorüberlegungen zur Planung und Durchführung

- Bei diesem Beispiel werden die koordinativen Fähigkeiten in spielerischer Form angesprochen.
- Die ausgewählten Übungen sind vielfältig, die Übenden müssen sich ständig den unterschiedlichen Bewegungsaufgaben anpassen.
- Dieses Beispiel ist schnell zu organisieren, da außer den kleinen Kästen nur Handgeräte zum Einsatz kommen, die von den Kindern schnell an die vorgesehenen Stellplätze gebracht werden.
- Es werden 3 kleine Kästen, 3 Pylone, 6 Gymnastikstäbe aus Holz, 12 Gymnastikbälle und 3 Sprungseile benötigt.
- Vor Beginn des Übens finden sich Übungspaare zusammen: „Sucht euch einen Partner!"
- Die Paare bleiben während der gesamten Übungszeit zusammen, d. h. zunächst absolviert *Kind a* alle 5 Übungen, während Kind b kontrolliert und die Anzahl der Wiederholungen evtl. auf einem vorbereiteten Blatt notiert. Später erfolgt der Rollentausch: *Kind b* übt und *Kind a* kontrolliert und notiert.
- Sollte ein Ball vom Übenden wegspringen, holt das kontrollierende Kind den Ball schnell zurück und reicht es dem übenden Kind wieder an.

Ziele:	• Schulen/Verbessern koordinativer Fähigkeiten: Orientierungs-, Anpassungs-, Reaktions-, Gleichgewichts-, kinästhetische Differenzierungsfähigkeit • Schulen der Grundtätigkeiten: Steigen, Prellen, Werfen, Fangen
geeignet für:	Kinder der zweiten und dritten Klasse; sieben- bis neunjährige Kinder
Anzahl der Stationen:	5
teilnehmende Kinder:	30 Kinder – an jeder Station insgesamt 6 Kinder = immer 3 übende und 3 zählende Kinder
Übungszeit:	30 sec an jeder Station
Wechselzeit:	30 sec
benötigte Geräte:	3 kleine Kästen, 3 Pylone, 6 Gymnastikstäbe aus Holz, 12 Gymnastikbälle, 3 Sprungseile

Hinweise zur Durchführung

- Dieses Zirkeltraining mit seinen 5 Stationen ist aufgrund des geringen Materialaufwandes schnell organisiert.
- Für die Station 1 werden drei kleine Kästen benötigt, die von den Kindern auf Anweisung des Sportlehrers an die markierte Stelle gebracht und dort nebeneinander mit etwas Abstand positioniert werden.
- An allen anderen Stationen (2-5) werden die Handgeräte ausgelegt. Es hat sich bewährt, die Stationen durch Pylone oder nummerierte Pappschilder zu kennzeichnen.
- Die Gymnastikbälle an den Stationen 1, 2, 3 und 5 werden in ausgelegten Gymnastikreifen gelagert und dort nach der Übung auch wieder abgelegt.
- Die Übungspaare verteilen sich an den 5 Stationen. An jeder Station können 3 Paare üben.
- Sollte ein Ball beim Üben mal wegspringen, muss er sofort zurückgeholt werden, damit das Üben an der Station fortgesetzt werden kann.
- Der Wechsel von Station zu Station erfolgt in der festgelegten Reihenfolge.
- Alle Übungen werden zu Beginn der Sportstunde kurz demonstriert, die Lehrkraft erklärt und gibt Hinweise zur richtigen Ausführung. Danach können die Kinder die Übungen kurz praktisch erproben.
- Der Beginn und das Ende der Übungszeit (30 sec) erfolgt durch ein Signal (Pfiff, Hupe, Tamburinschlag), die Kinder wechseln sofort zum nächsten Gerät und machen sich dort für die nächste Übung bereit.
- Das kontrollierende Kind zählt die Punkte und trägt die Anzahl der Wiederholungen evtl. auf dem vorbereiteten Blatt ein.

10 Verbessern koordinativer Fähigkeiten mit Handgeräten an 5 Stationen

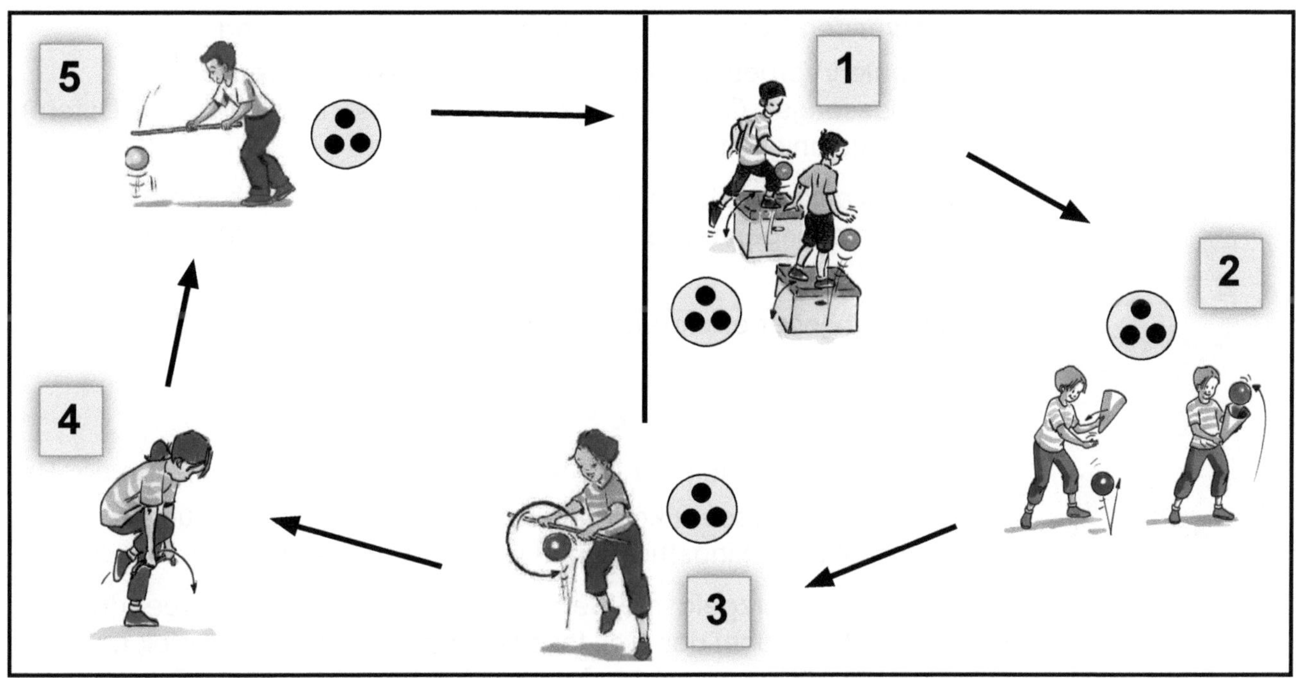

1. Station: **Ball prellen und auf den kleinen Kasten steigen**

- Anwenden/Schulen der Grundtätigkeiten Prellen und Steigen
- Schulen/Verbessern koordinativer Fähigkeiten: Anpassungs-, Orientierungs-, Reaktions-, Gleichgewichts-, Antizipationsfähigkeit

Mit beiden Füßen auf den kleinen Kasten steigen, dabei fortwährendes Prellen des Balles auf den Boden.

Wertung: beide Füße auf den kleinen Kasten bei fortwährendem Prellen = 1 Punkt

2. Station: **Ball mit der Pylone auffangen**

- Anwenden/Schulen der Grundtätigkeiten Werfen, Fangen
- Schulen/Verbessern koordinativer Fähigkeiten: Anpassungs-, Orientierungs-, Reaktions-, Gleichgewichts-, Antizipationsfähigkeit

Den Ball mit der rechten Hand auf den Boden werfen/prellen und sofort danach die in der linken Hand gehaltene Pylone in die rechte Hand übergeben, damit das Auffangen des Balls gelingen kann.

Wertung: jeder mit der Pylone aufgefangene Ball = 1 Punkt

KOHL VERLAG ZIRKELTRaINING in der Grundschule – Bestell-Nr. 13 022

10 Verbessern koordinativer Fähigkeiten mit Handgeräten an 5 Stationen

3. Station: **Kreis um den Ball ausführen**

- Anwenden/Schulen der Grundtätigkeiten Prellen und Kreisen
- Schulen/Verbessern koordinativer Fähigkeiten: Reaktions-, Anpassungs-, Orientierungs-, Antizipations-, kinästhetische Differenzierungsfähigkeit

Den Ball mittig prellen und anschließend mit dem Stab schnell einmal über den springenden Ball einen Kreis beschreiben, dann wieder prellen.

Wertung: jeder erfolgreich ausgeführte Kreis um den Ball = 1 Punkt

4. Station: **Über das gefasste straffe Seil steigen**

- Anwenden/Schulen der Grundtätigkeiten Steigen, Anwinkeln der Beine
- Schulen/Verbessern koordinativer Fähigkeiten: Anpassungs-, Antizipations-, kinästhetische Differenzierungsfähigkeit

Im Stand das kurzgefasste Seil schulterbreit in Tiefhalte: Über das Seil steigen, ohne dabei das Seil loszulassen, in dieser Reihenfolge: Zuerst mit beiden Füßen vorwärts, dann mit beiden Füßen rückwärts.

Wertung: jedes Übersteigen des Seils ohne die Hände zu lösen = 1 Punkt

5. Station: **Prellen des Balles mit dem Stab**

- Anwenden/Schulen der Grundtätigkeit Prellen
- Schulen/Verbessern koordinativer Fähigkeiten: kinästhetische Differenzierungs-, Anpassungs-, Antizipations-, Reaktions-, Orientierungsfähigkeit

Mit einem Gymnastikstab auf den am Boden liegenden Gymnastikball schlagen und ihn so zum Springen bringen. Anschließend versuchen, den Ball mit dem Stab fortwährend zu prellen.

Wertung: jedes Prellen des Balles mit Bodenberührung = 1 Punkt

Vor- und Zuname:		**Klasse:**			
Station	**Übung**	**Datum**	**Datum**	**Datum**	**Datum**
1	*Ball prellen und auf den kleinen Kasten steigen*				
2	*Ball mit der Pylone auffangen*				
3	*Kreis um den Ball ausführen*				
4	*Über das gefasste straffe Seil steigen*				
5	*Prellen des Balles mit dem Stab*				
	Summe				

11 Komplexes Verbessern von konditionellen Fähigkeiten an 6 Stationen

– Anspruchsvolle Übungen – leistungsstarke Kinder – umfangreicher Gerätaufbau –

Grundsätzliche Vorüberlegungen zur Planung und Durchführung

- Das folgende Beispiel ist für Kinder gedacht, die den Ablauf eines Zirkeltrainings sicher beherrschen und nun erhöhte Anforderungen kennenlernen.
- Die ausgewählten 6 Übungen sind teilweise recht anspruchsvoll.
- Es werden 1 Turnbank, 7 Turnmatten, 1 Reck, 3 Kastenteile, 4 kleine Kästen, 2 Medizinbälle 1 kg (Basketbälle), 2 Sprungseile benötigt.
- Vor Beginn des Übens finden sich Übungspaare zusammen: „Sucht euch einen Partner!"
- Die Paare bleiben während der gesamten Übungszeit zusammen, d. h. zunächst absolviert *Kind a* alle 6 Übungen, während *Kind b* kontrolliert und die Anzahl der Wiederholungen evtl. auf einem vorbereiteten Blatt notiert. Später erfolgt der Rollentausch: *Kind b* übt und *Kind a* kontrolliert und notiert.
- Die Reihenfolge der Übungen ist durch die Anordnung der Geräte (Sprungseile, dann Reck, Turnbank usw.) für alle Kinder klar erkennbar und muss eingehalten werden.
- Die hier genannte Organisation beruht auf eigenen praktischen Unterrichtserfahrungen und muss je nach örtlichen Gegebenheiten evtl. „passend" gemacht werden.

Ziele:	• Kräftigen der Hauptmuskelgruppen • Anwenden/Schulen der Grundtätigkeiten: Hüpfen, Springen, Stützen, Werfen, Stoßen, Hängen, Heben
geeignet für:	Kinder der vierten Klasse zehnjährige Kinder
Anzahl der Stationen:	6
teilnehmende Kinder:	24 Kinder – an jeder Station insgesamt 4 Kinder = immer 2 übende und 2 zählende Kinder
Übungszeit:	30 sec an jeder Station
Wechselzeit:	30 sec
benötigte Geräte:	1 Turnbank, 7 Turnmatten, 1 Reck, 3 Kastenteile, 4 kleine Kästen, 2 Medizinbälle 1 kg (Basketbälle), 2 Sprungseile

Hinweise zur Durchführung

- Die einzelnen Stationen werden auf Anweisung des Sportlehrers nacheinander aufgebaut.
- An der Station 1 werden 2 Sprungseile ausgelegt.
- Beim Aufbau der Station 2 „Reck" hilft der Sportlehrer aktiv mit, achtet auf die entsprechende Höhe der Reckstange und überprüft anschließend die Sicherheit. Damit auch kleinere Schüler die Reckstange im Sprung erreichen, wird zusätzlich eine Matte unter dem Reck ausgelegt, von der sie abspringen können.
- Die Turnbank an Station 3 wird auf 2 hochkant stehende kleine Kästen eingehängt und auf Standfestigkeit überprüft. Es können 2 Schüler an der Bank üben – am vorderen und am hinteren Ende der Turnbank.
- Für die Station 4 werden 2 kleine Kästen aus dem Geräteraum geholt, an der entsprechenden Stelle positioniert und umgedreht.
- Für die Station 5 werden 2 Kastenteile auf die Längsseiten nebeneinander an die Wand gestellt. Davor werden mit etwas Abstand jeweils 3 Matten aufeinandergelegt.
- Für die Station 6 wird nur 1 Kastenteil benötigt.
- Die Übungspaare verteilen sich an den 6 Stationen. An jeder Station üben 2 Paare.
- Der Wechsel von Station zu Station erfolgt in der festgelegten Reihenfolge.
- Der Beginn und das Ende der Übungszeit (30 sec) erfolgt durch ein Signal (Pfiff, Hupe, Tamburinschlag), die Kinder wechseln sofort zum nächsten Gerät und machen sich dort für die nächste Übung bereit.

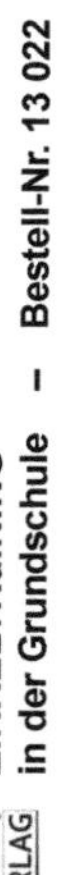

ZIRKELTRaINING in der Grundschule – Bestell-Nr. 13 022

11 Komplexes Verbessern von konditionellen Fähigkeiten an 6 Stationen

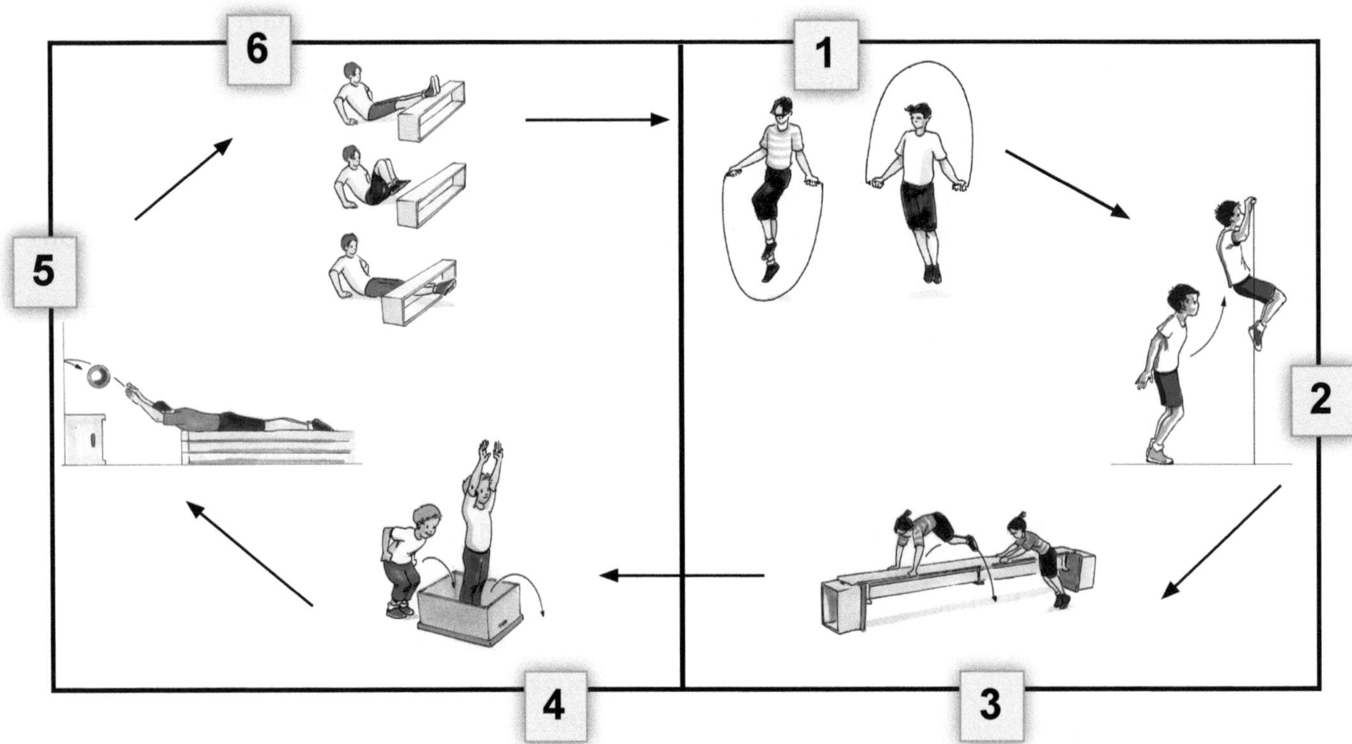

1. Station:

Seilspringen

- Anwenden/Schulen der Grundtätigkeiten Hüpfen und Springen
- Kräftigen der Bein-/Sprungmuskulatur

Seilspringen vorwärts mit beiden Füßen (Schlusssprünge) mit und ohne Zwischenhüpfer.

Wertung: jeder erfolgreiche Durchschlag = 1 Punkt

2. Station:

Sprung in den Hang mit Anziehen der Arme

- Anwenden/Schulen der Grundtätigkeiten Springen und Hängen
- Kräftigen der Bein-, Arm- und Schultermuskulatur

Aus dem Stand unter dem reich- bis sprunghohen Reck in den Beugehang springen, Arme anziehen und versuchen über die Reckstange zu schauen. Danach wieder in den Stand zurückspringen.

Wertung: jedes erfolgreiche Schauen über die Reckstange = 1 Punkt

3. Station:

Hockwende über die eingehängte Turnbank

- Anwenden/Schulen der Grundtätigkeiten Hüpfen, Springen, Stützen
- Kräftigen der Arm- und Beinmuskulatur

Die Bank wird auf 2 hochgestellte kleine Kästen eingehängt. Stand neben der Bank: Kurzes auftaktartiges Hüpfen mit anschließender Hockwende über die Bank. Kurzer Zwischenhüpfer und Hockwende zurück.

Wertung: jede Hockwende über die Turnbank = 1 Punkt

11 Komplexes Verbessern von konditionellen Fähigkeiten an 6 Stationen

4. Station:

Schlusssprung in den umgedrehten kleinen Kasten

- Anwenden/Schulen der Grundtätigkeiten Hüpfen und Springen
- Kräftigen der Beinmuskulatur

Mit unterstützendem Armeinsatz Schlusssprung in den umgedrehten kleinen Kasten und wieder heraus. Sich umdrehen und erneuter Schlusssprung in den umgedrehten kleinen Kasten.

Wertung: jeder Schlusssprung in den umgedrehten kleinen Kasten = 1 Punkt

5. Station:

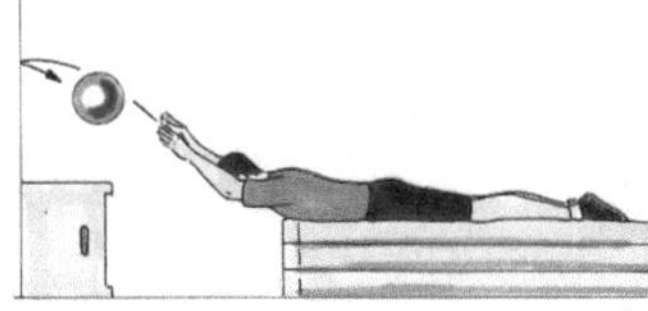

Ballwurf aus der Bauchlage gegen die Wand

- Anwenden/Schulen der Grundtätigkeiten Werfen und Stoßen
- Kräftigen der Rücken-, Arm- und Schultermuskulatur

Bauchlage auf einem Mattenstapel: Den Oberkörper leicht aufrichten und den Medizinball mit beiden Händen über das auf der Seite stehende Kastenteil gegen die Wand werfen (stoßen). Den zurückspringenden Ball möglichst annehmen und sofort wieder werfen.

Wertung: jeder Wurf über das Kastenteil gegen die Wand = 1 Punkt

6. Station:

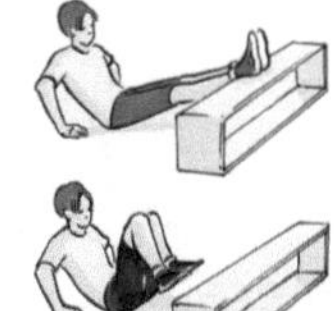

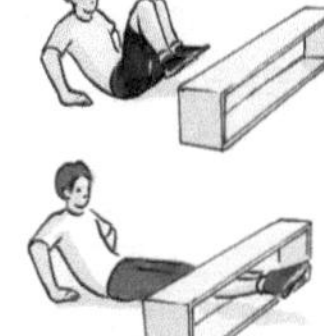

Füße in das offene Kastenteil führen

- Anwenden/Schulen der Grundtätigkeiten Heben und Stützen
- Kräftigen der Bauch-, Arm- und Schultermuskulatur

Strecksitz mit abgelegten Füßen auf dem Kastenteil, die Hände stützen seitlich ab. Nun die Beine anhocken, anschließend wieder strecken und dabei die Füße in das offene Kastenteil hineinstrecken. Danach die Beine anhocken und dabei die Füße wieder auf das Kastenteil heben.

Wertung: jedes Strecken der Füße in das Kastenteil = 1 Punkt

Vor- und Zuname:		**Klasse:**			
Station	**Übung**	**Datum**	**Datum**	**Datum**	**Datum**
1	*Seilspringen*				
2	*Sprung in den Hang mit Anziehen der Arme*				
3	*Hockwende über die eingehängte Turnbank*				
4	*Schlusssprung in den umgedrehten kleinen Kasten*				
5	*Ballwurf aus der Bauchlage gegen die Wand*				
6	*Füße in das offene Kastenteil führen*				
	Summe				

12 Komplexes Verbessern von konditionellen und koordinativen Fähigkeiten an 7 Stationen

– Für geübte Klassen – umfangreiches Programm – komplexe Übungen –

Grundsätzliche Vorüberlegungen zur Planung und Durchführung

- Das folgende Beispiel ist für Kinder in der vierten Klasse gedacht, die den Ablauf eines Zirkeltrainings sicher beherrschen und nun erhöhte Anforderungen und Belastungen kennenlernen.
- Es sind 7 Stationen mit recht unterschiedlichen Aufgaben zu bewältigen, die Belastungszeit beträgt 30 sec.
- Es werden 2 Turnbänke, 2 Turnmatten, 1-2 Recke, 4 Kastenteile, 2 kleine Kästen und 2 Medizinbälle 1 kg (Basketbälle) benötigt.
- Vor Beginn des Übens finden sich Übungspaare zusammen: „Sucht euch einen Partner!“
- Die Paare bleiben während der gesamten Übungszeit zusammen, d. h. zunächst absolviert *Kind a* alle 7 Übungen, während *Kind b* kontrolliert und die Anzahl der Wiederholungen evtl. auf einem vorbereiteten Blatt notiert. Später erfolgt der Rollentausch: *Kind b* übt und *Kind a* kontrolliert und notiert.
- Die Reihenfolge der Übungen ist durch die Anordnung der Geräte (kleine Kästen, Turnbank, dann Reck, dann Turnbank usw.) im Oval der Sporthalle für alle Kinder klar erkennbar und muss eingehalten werden.
- Die hier genannte Organisation beruht auf eigenen praktischen Unterrichtserfahrungen und müssen je nach örtlichen Gegebenheiten evtl. „passend“ gemacht werden.

Ziele:	• Kräftigen der Hauptmuskelgruppen • Anwenden/Schulen der Grundtätigkeiten: Hüpfen, Springen, Stützen, Werfen, Stoßen, Heben, Kriechen
geeignet für:	Kinder der vierten Klasse; zehnjährige Kinder
Anzahl der Stationen:	7
teilnehmende Kinder:	28 Kinder – an jeder Station insgesamt 4 Kinder = immer 2 übende und 2 zählende Kinder
Übungszeit:	30 sec an jeder Station
Wechselzeit:	30 sec
benötigte Geräte:	2 Turnbänke, 2 Turnmatten, 1-2 Recke, 4 Kastenteile, 2 kleine Kästen, 2 Medizinbälle 1 kg (Basketbälle)

Hinweise zur Durchführung

- Die einzelnen Stationen werden auf Anweisung des Sportlehrers nacheinander aufgebaut.
- An der Station 1 werden zwei kleine Kästen mit etwas Abstand aufgestellt.
- Für die Station 2 wird eine Turnbank benötigt und an die vorgesehene Stelle gebracht. An jeder Seite der Turnbank kann ein Kind üben.
- Beim Aufbau der Station 3 „Recke“ hilft der Sportlehrer aktiv mit und überprüft anschließend die Sicherheit. Damit auch kleinere Schüler in den Stütz springen können, werden möglichst 2 Recke mit unterschiedlicher Höhe aufgebaut.
- Für die Station 4 wird nur eine Turnbank benötigt. An jedem Ende der Turnbank kann ein Kind üben.
- Die Station 5 besteht aus 2 Kastenteilen, mit etwas Abstand nebeneinander aufgestellt. Hier wirkt Kind b direkt bei der Ballabgabe und -annahme aktiv mit.
- Für die Station 6 wird 1 Turnbank seitlich gekippt mit Sitzfläche zum Übenden. 2 Turnmatten mit ca. 2-3 m Abstand zur Bank markieren die Abwurfposition für die Kinder.
- Für die Station 7 werden wieder 2 Kastenteile mit etwas Abstand nebeneinander aufgestellt. An jedem Kastenteil kann ein Kind üben.
- Die Übungspaare verteilen sich an den 7 Stationen. An jeder Station können jeweils 2 Paare üben.
- Der Beginn und das Ende der Übungszeit (30 sec) erfolgt durch ein Signal (Pfiff, Hupe, Tamburinschlag), die Kinder wechseln sofort zum nächsten Gerät und machen sich dort für die nächste Übung bereit.

12 Komplexes Verbessern von konditionellen und koordinativen Fähigkeiten an 7 Stationen

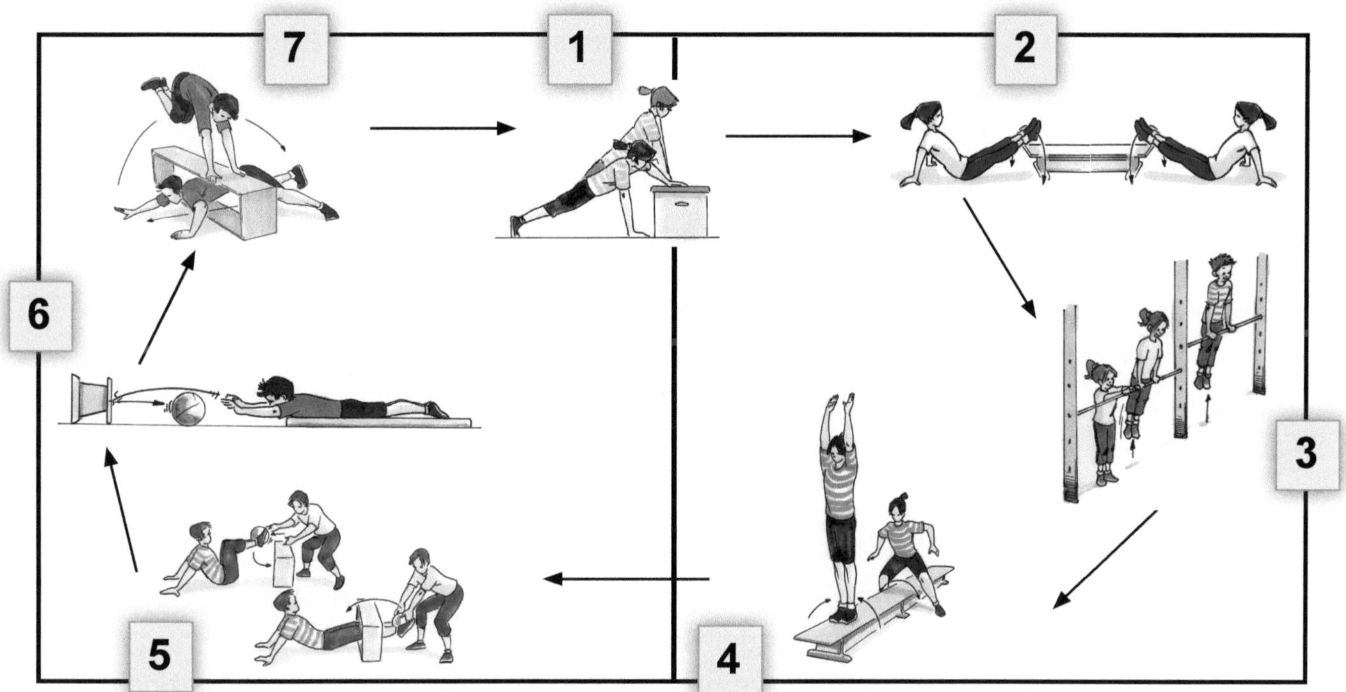

1. Station: **Auf- und Abstützen am kleinen Kasten**

- Anwenden/Schulen der Grundtätigkeiten Stützen, Hüpfen und Springen
- Arm- und Beinmuskulatur
- Schulen/Verbessern koordinativer Fähigkeiten: Anpassungs-, Antizipations-, Orientierungsfähigkeit

Liegestütz vorlings: Mit den Händen auf und -abstützen. Erst eine Hand auf den kleinen Kasten, dann sofort die andere nachziehen. Anschließend wieder eine Hand auf den Boden führen und danach sofort die andere Hand

Wertung: beide Hände auf dem kleinen Kasten = 1 Punkt

2. Station: **Beine über die Bank heben**

- Anwenden/Schulen der Grundtätigkeiten Stützen und Heben
- Kräftigen der Bauch- und Armmuskulatur
- Verbessern koordinativer Fähigkeiten: Antizipations-, Anpassungs-, Orientierungs-, kinästhetische Differenzierungsfähigkeit

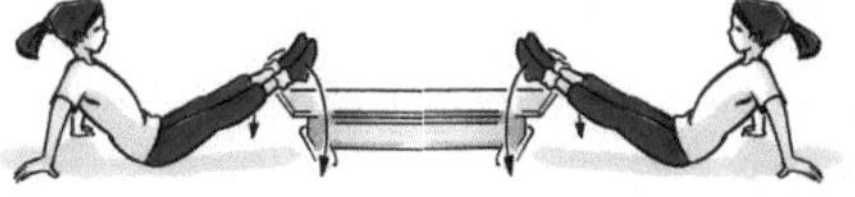

Im Strecksitz, die Hände stützen seitlich neben dem Körper ab: Die fast gestreckten Beine über die Turnbank führen und kurz auf der anderen Seite ablegen, dann wieder in die Ausgangsstellung zurück.

Wertung: jedes kurze Ablegen der Füße auf der anderen Seite = 1 Punkt

3. Station: **Sprung in den Stütz am Reck**

- Anwenden/Schulen der Grundtätigkeiten Springen und Stützen
- Kräftigen der Arm-, Schulter- und Rumpfmuskulatur
- Schulen/Verbessern koordinativer Fähigkeiten: Antizipations-, Orientierungs-, Anpassungsfähigkeit

In den Stütz am brust- oder schulterhohen Reck springen. Den Oberkörper kurz aufrichten und dann wieder in die Ausgangsstellung zurückspringen.

Wertung: jeder Sprung in den Stütz = 1 Punkt

12 Komplexes Verbessern von konditionellen und koordinativen Fähigkeiten an 7 Stationen

4. Station: **Aus dem Grätschstand Schlusssprung auf die Bank**

- Anwenden/Schulen der Grundtätigkeiten Hüpfen und Springen
- Kräftigen der Beinmuskulatur
- Schulen/Verbessern koordinativer Fähigkeiten: Antizipations-, Orientierungs-, Anpassungsfähigkeit

Aus dem Grätschstand über der Turnbank mit kräftigem Armeinsatz Schlusssprung auf die Sitzfläche der Turnbank. Anschließend gleich wieder in den Grätschstand springen.

Wertung: jeder Schlusssprung auf die Sitzfläche = 1 Punkt

5. Station: **Ballübergabe mit den Füßen**

- Anwenden/Schulen der Grundtätigkeiten Stützen und Heben
- Kräftigen der Bauchmuskulatur
- Schulen/Verbessern koordinativer Fähigkeiten: Antizipations-, Orientierungs-, Anpassungsfähigkeit

Strecksitz, die Füße werden über das seitgestellte Kastenteil geführt und nehmen dort den vom Partner angereichten Ball an. Leichtes Anheben der Beine und sofortiges Anhocken mit anschließendem Strecken in die Kastenteilöffnung, um dort den Ball dem Partner zu übergeben. Dieser nimmt den Ball und reicht ihn danach wieder auf dem Kastenteil an.

Wertung: jede erfolgreiche Ballübergabe durch das Kastenteil = 1 Punkt

6. Station: **Ball gegen die Turnbank stoßen**

- Anwenden/Schulen der Grundtätigkeiten Stoßen und Schieben
- Kräftigen der Rücken- und Rumpfmuskulatur
- Schulen/Verbessern koordinativer Fähigkeiten: Antizipations-, Orientierungs-, Anpassungsfähig-, Reaktions-, kinästhetische Differenzierungsfähigkeit

Bauchlage auf einer Matte (Abstand ca. 2-3 m von der Bank), die Schultern schließen mit der Mattenkante ab. Den Medizinball (Basketball) kräftig von sich wegstoßen, sodass er gegen die umgekippte Sitzfläche der Turnbank rollt und anschließend wieder zum Ausgangspunkt zurückkommt.

Wertung: jede Bankberührung des Balles = 1 Punkt

12 Komplexes Verbessern von konditionellen und koordinativen Fähigkeiten an 7 Stationen

7. Station: **Hockwende mit Durchkriechen**

- Anwenden/Schulen der Grundtätigkeiten Stützen und Springen
- Kräftigen der Arm- und Beinmuskulatur
- Schulen/Verbessern koordinativer Fähigkeiten: Antizipations-, Anpassungs-, Orientierungsfähigkeit, kinästhetische Differenzierungsfähigkeit

Hockwende über das hochkant stehende Kastenteil mit anschließendem Durchkriechen.

Wertung: jedes Durchkriechen = 1 Punkt

Die Übungen auf dem vorbereiten Blatt können durch eine Übungsbeschreibung oder genauso auch durch eine Abbildung dargestellt werden. Hier wird der Text zur Wiedererkennung der Übung bevorzugt.

Vor- und Zuname:		**Klasse:**			
Station	**Übung**	**Datum**	**Datum**	**Datum**	**Datum**
1	*Auf- und Abstützen am kleinen Kasten*				
2	*Beine über die Bank heben*				
3	*Sprung in den Stütz am Reck*				
4	*Aus dem Grätschstand Schlusssprung auf die Bank*				
5	*Ballübergabe mit den Füßen*				
6	*Ball gegen die Turnbank stoßen*				
7	*Hockwende mit Durchkriechen*				
	Summe				

KOHL VERLAG ZIRKELTRAINING in der Grundschule – Bestell-Nr. 13 022

Zirkeltraining in der Übersicht

	Thema-Schwerpunkt	Geeignet für …	Anzahl Stationen	Seite
1	*Kinder mit dem Zirkeltraining „vertraut machen“*	*Vorschule + 1. Klasse 5 bis 7-jährige Kinder*	*4 Stationen*	*26–28*
	a) *Vier Übungen nacheinander an derselben Station in Gruppen*			*26*
	b) *Vier Übungen nacheinander an vier Stationen in Gruppen*			*27*
	c) *Vier Übungen nacheinander an vier Stationen in Partnerform*			*28*
2	*Zirkeltraining für „Anfänger“*	*1. + 2. Klasse 6 bis 8-jährige Kinder*	*4 Stationen*	*29–31*
3	*Zirkeltraining mit Handgeräten*	*2. + 3. Klasse 8 bis 9-jährige Kinder*	*4 Stationen*	*32–34*
4	*Verbessern von konditionellen und koordinativen Fähigkeiten*	*2. + 3. Klasse 8 bis 9-jährige Kinder*	*6 Stationen*	*35–38*
5	*Kräftigen der Hauptmuskelgruppen*	*2. + 3. Klasse 8 bis 9-jährige Kinder*	*4 Stationen*	*39–41*
6	*Verbessern koordinativer Fähigkeiten mit Bällen und Kastenteilen*	*3. + 4. Klasse 9 bis 10-jährige Kinder*	*5 Stationen*	*42–44*
7	*Partnerübungen zum Verbessern von koordinativen Fähigkeiten*	*2. + 3. Klasse 8 bis 9-jährige Kinder*	*5 Stationen*	*45–47*
8	*Partnerübungen zum Kräftigen der Hauptmuskelgruppen*	*2. + 3. Klasse 8 bis 9-jährige Kinder*	*5 Stationen*	*48–50*
9	*Hauptmuskelgruppen kräftigen mit vielseitigen Übungen*	*3. + 4. Klasse 9 bis 10-jährige Kinder*	*6 Stationen*	*51–53*
10	*Verbessern koordinativer Fähigkeiten mit Handgeräten*	*2. + 3. Klasse 7 bis 9-jährige Kinder*	*5 Stationen*	*54–56*
11	*Komplexes Verbessern von konditionellen Fähigkeiten*	*4. Klasse 10-jährige Kinder*	*6 Stationen*	*57–59*
12	*Komplexes Verbessern von konditionellen und koordinativen Fähigkeiten*	*4. Klasse 10-jährige Kinder*	*7 Stationen*	*60–63*